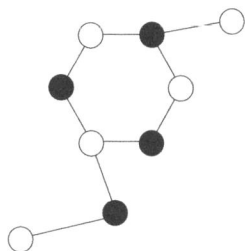

AlphaGo
六十连胜 对局解析

江铸久 芮乃伟◎著

人民邮电出版社

北京

图书在版编目（CIP）数据

AlphaGo六十连胜对局解析 / 江铸久，芮乃伟著. --
北京 : 人民邮电出版社，2018.9
ISBN 978-7-115-48832-9

Ⅰ．①A… Ⅱ．①江… ②芮… Ⅲ．①围棋－对局（棋
类运动）Ⅳ．①G891.3

中国版本图书馆CIP数据核字(2018)第148576号

内 容 提 要

　　2016年12月29日至2017年1月4日，由谷歌公司研制的围棋人工智能AlphaGo以Master的网名，在弈城和野狐网两大围棋对弈网站，与中日韩一流高手大战60局，结果是AlphaGo获得全胜，完全碾压了人类棋手，令举世震惊。江铸久九段和芮乃伟九段在本书中对这60局棋进行了一一点评，结合吴清源大师21世纪的围棋思想，为您揭示AlphaGo不同于人类棋手的创造性思维，带您细细品味棋风迥异的人类围棋高手与人工智能激烈碰撞留下来的精彩对决。

　　此外，江铸久九段和芮乃伟九段这一对"围棋十八段夫妇"还将他们在人机大战现场亲历的故事娓娓道来，让您了解这场世纪之战背后不为人知的细节。

◆ 著　　　　江铸久　芮乃伟
　　责任编辑　裴　倩
　　责任印制　周昇亮

◆ 人民邮电出版社出版发行　　北京市丰台区成寿寺路 11 号
　　邮编　100164　　电子邮件　315@ptpress.com.cn
　　网址　http://www.ptpress.com.cn
　　北京捷迅佳彩印刷有限公司印刷

◆ 开本：700×1000　1/16
　　印张：12.5　　　　　　　　　　2018 年 9 月第 1 版
　　字数：204 千字　　　　　　　　2025 年 7 月北京第 21 次印刷

定价：49.80 元

读者服务热线：(010)81055296　印装质量热线：(010)81055316
反盗版热线：(010)81055315

代　序

　　俄罗斯世界杯一开赛，江铸久九段就从网上发来他和妻子芮乃伟九段的大作，嘱我写上几个字。真是很荣幸。我跟这对全世界唯一的"十八段夫妇"很熟悉，相识多年，打过他们许多棋谱，读他们的书，欣赏他们旅行沿途拍的照片。他们温和、低调，坚韧。对围棋的爱贯穿于他们一生。现在，他们发来一本天书，《AlphaGo 六十连胜对局解析》，这书对我很有挑战性。

　　读者诸君看到我文字的时候，想必知道这书是围绕横空出世的 AlphaGo 而写。这个神器的出世，令骄傲的围棋界普降三级，溃不成军。围棋的电脑程序很早就有，最早的程序连我这种菜鸟都可以将它吃得一子不剩。眼下不同了，赢得欧洲围棋三连冠的职业棋手樊麾二段 0∶5 输了，全球职业棋手中等级分最高的李世石九段 1∶4 输了，中国 60 名高段棋手排队上阵，无一例外地输给 AlphaGo 的兄弟 Master。后来，"抱有必胜的信念和必死的决心"的天才棋手柯洁九段输得哭了。曾几何时，李九段说不打它个 4∶1 就不叫赢。实战真是出鬼了，不仅输棋，连祖宗传下来的那些定式，那些套路都露出大大的破绽。凡事一上网从来众说纷纭，这次的实战最有说服力，那些看好人类棋手的、瞧不上人工智能的朋友顿时住口，没人再对 AlphaGo 出言不逊。

　　我等棋迷很有兴趣的是，大难当头，高手们如何应对，如何故作镇定，如何痛定思痛。樊麾二段说，输给 AlphaGo，内心世界是坍塌的。一向骄傲的柯洁九段说："通过这次比赛，大家看到 AlphaGo 真的非常强大，只是就我个人而言，我不会再跟它去下棋了，真的是太残酷，太难以接受。从头到尾，我都看不到明显的胜机，或者扭转的机会。一旦被带入它的节奏，形势稍微有利，占据主动一点，就一直被它带到最后，没有什么机会翻身。所以输了没什么脾气。就因为没什么脾气，才会很难过。"他的话令人痛心，输得没脾气了，心服口服了。

　　江铸久九段因较早接触新科技，另类地相信人工智能或许会赢棋。他和妻子这些年开设棋校，面对小朋友讲棋授课，他的感受应该更深。我在网上见他们去了现场，谈棋、谈 AlphaGo。再见面时向江九段请教得失。说"请教"有点矫情，我虽少年时学过几天，并无实战的资本，也常常看不懂高手的棋谱。对高手的陷落，我半是惋惜叹息，半是幸灾乐祸。总算有人来教训他们了，总算有高踞所有九段之上的神一样的存在了。众所周知，围棋变化无穷，但看开局的那十几手，常常大同小异。围棋的子力是可以量化的，但依靠的往往是说不清楚的感觉。高手都说自己棋上只懂很少，但余下的很多在哪里非常虚无。AlphaGo 出世了，有它当头棒喝，令人一筹莫展，也令人神清气爽。

作为职业棋手，江、芮两位九段当然不可能像我这样轻浮。看到李世石输给 AlphaGo，芮乃伟难过得昏天黑地。难过之余，他们被人工智能的异想天开所震惊。江铸久在一个电视谈话节目中说："看到第二盘的那个 37 手尖冲的时候，我抑制不住地热泪盈眶。这是因为 AlphaGo 下出了按照理论上来说吴老师经常倡导的那种下法，而职业棋手不敢下。"在这本书的第二篇，他们回忆起师父吴清源大师的教海，这时才理解那些基于全局观的应对是人类的先知先觉，在 AlphaGo 的棋盘上他们看到了师父的影子。

这本书的主体部分，是 60 盘棋局的讲评，如读书笔记似地写下感悟。那些被舍弃的下法，那些被认为不成立的战斗，那些更高视点的棋局观，构成新的见解和经验。因 AlphaGo 的出现，围棋的棋艺有了神奇的飞跃。我不可能讲得比他们还好，请用心读他们的心得。

这本书最后的部分，作者回到老师和教练的位置，回到棋手的喜怒哀乐。围棋是人类发明的，AlphaGo 也是人类发明的。人工智能目前发明不了围棋这样好玩的游戏，但它能赢得胜利。有它，人类棋手可以找到私家教练，可以用它复盘，验证自己的判断。AlphaGo 已经飘然而去，当人们觉得好玩，它赢够了，觉得不好玩了，不跟人类玩了。临走之前它演示了更空灵的一招：无须学习任何人类棋局，只要告诉它规则，它自己双手互搏地玩上一阵就天下无敌了。人类的归人类，它一丝不取，尽显风流。

许多人被 AlphaGo 震惊，并不是因为围棋，而是将它当作人工智能降临的一道闪电。人工智能能做什么，它将做什么，我们不知道。这以后，人类必将宿命地跟它厮缠。尽头在哪里，我们不愿意知道。

江铸久和芮乃伟以一生的征战，以人类的诚实、勤奋、迷惘交出这份作业。我们去看看，他们看见了什么。

上海市作家协会副主席　陈村
2018 年 6 月 27 日

目 录

第一篇

○●

我们亲历的人机大战

传说、传承、传奇，AlphaGo 改变人类的生活——从人工智能看围棋史话

围棋历史悠久，但自发明起围棋的规则就比其他棋类的规则简单。围棋起初是用来观测天文、占卜的，后来逐渐演变成智力游戏。后来围棋东渡至日本，并在日本得到迅速发展。在日本职业围棋发展了 300 年后，14 岁的吴清源老师远渡日本，改写了日本 300 多年的围棋理论。吴清源老师在与当时的日本著名棋手本因坊秀哉对战时，频出奇招。在为时三个半月的比赛时间里，秀哉经常因为吴清源老师的一步棋就回去研究一个星期。直到深度学习的出现，我们才开始能理解吴清源老师的棋。因为在 AlphaGo 下围棋时，经常就是采取这种方式，哪里都敢下，什么都敢想。在吴清源老师与本因坊秀哉对战的最后收官阶段，大厅里密密麻麻都是本因坊秀哉的弟子，都在思索对吴清源老师的应对方法。而这么多人，就好比今天的 AlphaGo，使用了穷举法。

从 Deep Blue 到 Nature

20 世纪 90 年代，很多计算机专家开始研究如何运用人工智能下围棋，但在那个时候，人工智能技术远落后于现在，根本无法下赢职业棋手。不过人工智能步伐坚定地在追赶。后来，人工智能系统 Deep Blue 击败了国际象棋冠军卡斯巴罗夫，即使是这样，人们仍然认为人工智能并不够击败顶尖职业围棋棋手，

这是因为围棋与国际象棋之间存在很大的差别。国际象棋利用穷举法是可能穷尽的，即使穷尽不了，可能性也不会越来越多，只会是一条通途。但是利用穷举法无法穷尽所有的围棋招式，因为围棋每一步后面都有着更多的可能性。退一步讲，即使能够穷尽，计算量也是一个难以想象的庞大数字，而这在当时是无法完成的。用当时美国专家的话来说便是："用尽美国所有计算机，也无法完成。"

国际象棋冠军卡斯巴罗夫输给 Deep Blue 这一事件影响巨大。这些受影响的人当中有一位当时只有 13 岁的国际职业象棋棋手哈萨比斯。哈萨比斯深切地感受到人工智能的魅力，开始研究人工智能。正是他研发了现在叱咤风云的AlphaGo。

2015 年深度学习团队在《自然》杂志（Nature）上提出要向职业围棋手挑战。但是当时人工智能和顶尖职业围棋棋手的差距是四五子，这是一个犹如天堑般的差距。然而在 2016 年，人工智能就迅速击败欧洲围棋冠军，登上《自然》杂志，震惊世界。存在 2 000 多年的围棋就这样被人工智能超越了。

纵观这段历史，人工智能从被普通围棋职业棋手击败到击败国际象棋大师卡斯巴罗夫，再到击败欧洲围棋冠军，步伐缓慢却坚定。

树繁便剪枝

通过穷举法很难突破围棋，每一步后面都连接着无数个可能性，计算负担巨大。这就类似搜索树，枝丫非常繁杂。

但是深度学习提供了另外一种方式——"剪枝"。深度学习可以通过"剪枝"，即创造价值网络来解决这一问题，两法并用。首先是穷举法，当时在将近 3 秒钟的时间内，人工智能能够走 100 万步，这是一个非常了不起的进步。并且在使用穷尽法的同时，通过之前识别的棋谱来判断每一步的价值，这样就降低了巨大的搜索空间，能耗也随之降低。在与李世石对战时，AlphaGo 连接了谷歌 1 200 多个中心。AlphaGo 每一步成本是 3 000 美元的电费。而在乌镇棋会上，AlphaGo 计算所需要的能耗较与李世石的比赛已经下降了 90%，因为此时的 AlphaGo 已经识别了非常多的著名棋谱。一位著名棋手，一般下棋不会超过 2 000 盘，而 AlphaGo 却输入了 16 万张有名的棋谱，这使得 AlphaGo 对每一步价值的判断更加准确，能耗便下降了。

从 CPU（中央处理器）到 GPU（图形处理器），再到 TPU（张量处理器），深度学习的东西越来越多，但是所需要的东西却越来越少。人工智能能耗的下降使得人工智能应用的掣肘接近消失，应用范围能够更加广泛。

变革与期望

一群业余棋手研发出 AlphaGo，击败了世界顶尖棋手。这对世界的影响是巨大的，当时 2.8 亿观众观看了比赛，产生了 3.5 万篇报告。大家都开始思索人工智能将会给我们的未来带来什么样的颠覆。

人工智能发展至今，已经完成了其当初的目标。乌镇棋会时，柯洁在第三局比赛还未结束时落泪了。人工智能对于人类未来意味着变革。我们以前常提工业革命、工业资本家和资本颠覆了世界，以后将是智能革命、数据资本家和智能颠覆世界。从工业革命到智能革命，工业资本家到数据资本家，资本到智能，一切都是变革。人工智能的应用将极其广泛，例如目前已经出现的智能投顾、人机对话、无人驾驶和太空探索等，而想象空间仍然巨大。总之，人工智能就像是一面镜子，映出人更强的一面，促使人变得更强，不断去挑战极限，颠覆未来。

躬逢盛会——现场感受"人人大战"

　　2016年3月14日百灵杯预选决赛下完，第二天一大早我就从北京赶往韩国，就是想赶到人机大战的现场，去给李世石加油。很多来参加百灵杯的韩国职业棋手们也是同机返回。安祚永、朴永训、赵汉乘三人坐在一排。我问他们到了韩国会去看比赛吗，祚永说想去，而永训、汉乘要回家。他们说以前问过，好像不让随便进的。祚永说飞机一落地就赶快联系棋院问一下，如果能进去就一起去赛场。他们问下次芮姐姐挑战如何，我说，"不行啊，估计要摆两个子了。"他们笑。我指指永训说："要他去下才好。"我告诉他们中国棋手有种说法，要找五位选手，比如李世石、朴廷桓等，一个人的话太难了。祚永说："不会啊，现在不是发现AlphaGo也有弱点了吗？有弱点就会有机会的。"然后他又说："可是还是要多下才能知道更多的弱点……"我们聊起了AlphaGo为什么那么厉害，因为AlphaGo有了深度学习，它可以克隆出昨天的AlphaGo同今天的自己对练。一旦上到一个段位级别，就更加容易往下一个更高级别跃进。甚至在对局过程中，都在不停地与N个AlphaGo演练接下来的棋局，并且进行学习。经过李世石锻炼的AlphaGo，功力必然大增。其实这些信息都是喜欢研究计算机围棋的铸久不停地给我灌输进来的。

　　最初我完全没有想到计算机会那么厉害。虽说和樊麾那几盘棋已经下得很好了，可李世石是多么厉害的棋手！只是因为铸久一向比较关注人工智能的发展，他坚持认为AlphaGo不会一直输到头，第四盘、第五盘将会是计算机赢棋的时候。为此他还在赛前在微信上说计算机这次会赢，并在接受新华社记者采访的时候说可以与大家打赌开盘，他赌计算机会赢。当时连我都觉得，铸久你准备赔吧……

人机大战开始前一周，我作为外援参加了韩国女子联赛。碰到的韩国棋手都觉得李世石赢是毫无疑问的，而且应该是 5 比 0 吧，以崔明勋为代表的几位棋手更是觉得计算机将不堪一击。我有点担心：李世石是不是也这么想？或者，在这样的气氛下，李世石是否会受影响？棋手在对局前轻视对手的话是很要命的，会失去平常心，影响实力的发挥。只有认为对手同自己实力相当，或者比自己强，才容易激发出高昂的斗志。

2016 年 3 月 9 日第一局开战。前一日下完韩国联赛，这天和於之莹一起从首尔往北京返。到了北京机场，比赛已经开始了。从机场一路拉着行李往外走，一边不停地捧着手机刷直播看棋。白棋右边打入的时候第一感还觉得有问题，后来发现，咦，怎么先手割下来黑棋三子？

坐上出租车，小於已经看到许多外界的评论，似乎大部分意见是认为李世石的黑棋领先，但是柯洁却说是白棋优势，再点点空发现还真是不见好。就在出租车上眼看着定局了，突然间发现不行了，怎么点目黑棋都是不够的。那真是一种猝不及防的感觉，李世石怎么就败了？怎么会败呢？这个应该是不可能发生的事啊！没有预兆地受到这么大的冲击，整个职业围棋界都没有想到吧？有点难受，更主要的是发蒙。回过头来复盘，觉得李世石的布局有点低估了对手。

第二盘我是在中国棋院观战的。当时训练室里有很多年轻棋手，分成几摊研究，非常关注。在我的记忆里，中韩对决甚至世界大赛的决赛，都没有引起过年轻棋手这样的研究热情。往常再大的比赛，他们也会有很多人自顾自下快棋，得空才看看比赛，从来没有像今天这么热心地观战。

记得我在寝室里看到黑 37 肩冲，就赶快跑到训练室去，世石还没有落子。问大家觉得怎么样，大多都答这个应该不会好吧？五路肩冲？也有几个年轻人说不一定啊，AlphaGo 有自己的想法，我们没有理解。我又问他们：那你们哪个人会这么下呢？他们摇摇头，然后其中一位冷静地说那不是人。当时觉得挺好笑的。

接着就是左下角黑棋 41 尖冲之后的一连串下法，当时有人评论说这个不是棋（不是围棋的意思，评价很低啦）。但是再摆摆，发现也不一定，其实没那么亏；再后来复盘时大家觉得也许是有些东西我们还没有明白。然后李世石下了 64 等缓手，这是致命的。后来，80 手打入中国流时局面已经不乐观了。

AphaGo 的定形非常棒，割下一子后基本上大局已定。

不过我们还在做努力，大家一直摆，在明知败局已定的情况下，仍然守着屏幕，守着棋盘，替李世石想各种参考图，各种办法。从来没有过这么多的中国年轻棋手在共同为韩国棋手加油。但还是失败了，大家好难过啊！

我也明白这是高科技，这个趋势不可阻挡。如果有这样的人工智能，作为棋手应该庆幸，我们不再孤独，我们有了一位好帮手，我们应该期待才对。可就是好难过！

人机大战第三局。2016 年 3 月 12 日，也是百灵杯预选赛第二轮。每方用时 2 小时 45 分，上午 9 点开始比赛。我对韩国选手金惠敏。上来布局不好，中盘以后才慢慢缓和了局势。这盘棋结束得比较晚。裁判长杨烁过来让我们签字。我看看他，他瞬间就明白了，两手摊开，说："不行，第三盘输得更惨。"顿时，我完全没有了赢棋的喜悦，只觉得好悲伤。杨烁立刻调出手机上的棋谱给我看。棋已终局。

感觉世石尽力了，劫也打了，却是碰到了铜墙铁壁。那时我的悲伤里有着深重的无力感。如果李世石这么出色的棋手在 AlphaGo 面前是这样的话，那我们对棋道的了解真是太低了，太微不足道了。而且这一天是世石的结婚纪念日，他一定会非常难过的，接下来的两盘棋他怎么去下啊？

第四盘第二天就开战了，中间没有休息。那天我们继续下百灵杯预选。我结束得比较早。比赛完后立刻去旁边的研究室（女队训练室暂时用作研究室），看到日本的几个年轻人在一起研究，于是走过去，问是那盘棋吗，答是的。问形势如何，藤泽秀行老师的孙女藤泽里菜告诉我，一直不太好，黑棋空太大了，现在空里似乎有棋了——无论哪个国家的棋手，讨论世石与 AlphaGo 的对战时，都是站在世石一方的，比如里菜说不好，她不用说主语，我也不会去问她谁不好，因为我们都在同一个阵营里。于是我赶快看棋盘。

正好是白 82 挤的局面。他们倒回去摆给我看白棋是怎么动手出棋的，我看到了被后来称之为神的一手的那个挖。这时，黑棋开始左一棒子右一锤地乱挥了，我们一阵又一阵地惊呼……是世石的惊天妙手和斗志逼得 AlphaGo 不会下棋了吧？等看到黑棋一路立的时候，我们相信李世石拿下此局了。但还是不放心啊！明明优势很大了，世石也下得很稳当，可我们拿着手机不停地刷新，还讨论 AlphaGo 会认输吗？会不会没有输入过这个选项呢？终于，在刷新过无数次之后，手机直播屏幕上打出了白中盘胜的字样，大家这才放心地散去。真是好开心！晚上，在网上看到世石在记者会上灿烂的笑容。朋友圈里已经刷爆了。我发了一句话：世石，我们为你骄傲！

下午 13 点 45 分飞机降落在首尔仁川机场。安祚永在几排后喊我，说联系过了，可以去。我只有一个双肩包，陪他等行李时，我们两个还有朴永训，一直在埋头看直播。比赛已经开始一个多小时了，执白的 AlphaGo 正在右下角动手出棋。永训算得快，马上演示给我们看黑棋的应法，没棋。我们笑说，还是应该你上啊！盘上的进程果然如此，我们觉得白棋损了。上了出租车，直奔四季酒店而去。祚永一直拿着他的手机，我们边看边讨论。在侵消上面的时候，世石的下法有没有过于保守呢？

进了酒店大堂，一些认识不认识的人都在和我们点头致意。韩国女棋手、世界围棋联盟秘书长李夏辰已经在等我们了，发了名牌让我们挂上，上面印着一行英文，意思是可以出入任何地方。然后她直接把我们带进了 VIP 室。我一看，全是韩国棋院的大佬啊！曹薰铉老师和他夫人、徐奉洙老师、事务总长梁宰豪九段、韩国棋院总裁洪锡炫先生、副总裁朴治文先生等等。

曹师母看见我非常高兴，站起来和我拥抱，说："真是好久没见啦！"行礼寒暄完毕，赶快去看棋。房间的另一侧是棋盘的大屏幕，金成龙九段和金志明在大盘旁讲解。可以看到世石思考着的表情。我问了这几天已经问过无数次的那几个字："怎么样？"大家都是困惑的表情，说很难啊。整体上是不太乐观。嗯，是不是只有安祚永和我还觉得黑棋不错呢？看了一会儿，韩国棋院宣传部的车永求记者找我，说待会儿 KBS 要采访我。没等我说话他又问，有没有去看过公开讲解厅，我说没有啊，他就说要带我去。走过一条宽宽的走廊，左边第一个厅是"外信房"，是为外国媒体准备的。左前方美国人麦克·雷蒙在用英语解说，底下排排都是记者席，像重要会议一般每人眼前一台计算机。我们的朋友、原日本《棋道》杂志总编辑大岛正雄先生也在。我同他，还有我们共同的好友韩国棋院宣传部负责人郑东焕先生一起聊了几句。大岛先生是专门赶来报道这第五局的；郑先生感慨道："我做围棋工作二十来年了，从没有看到过这么火爆的场面，几百个镜头对着围棋啊！就是总统的就职仪式，也没有这么多的媒体！以后恐怕也不可能再有这样的情景出现吧？"旁边就是"内信房"，韩国记者都在这里。大概有中国棋院二楼比赛大厅那么大的一个房间被挤得满满的，媒体的摄像机大阵森森然列在后方，气势恢宏，初进去吓了我一跳。台上就是金成龙那一对组合在解说，围棋电视台应该也是直播的这个解说。金志明看到我了，老远朝我挥手，我也挥挥手，趁镜头切换，他问我形势怎么样。我说难说，不过黑棋还是不错的吧！旁边的韩国记者看着我们跨越半个房间的问答，都朝我们笑。

出了内信房，想赶快回去看棋，好几拨记者堵住我要采访，我说我是来打酱油的，就别采访我了吧！他们说，可是你是唯一从中国来的职业棋手啊！好吧，一向喜欢逃避摄像机镜头的我也只有咬牙面对了……半个小时左右，我大概回答了十来个媒体记者提问！其中我知道的媒体有韩国的 KBS、MBC，日本的共同通讯社，中国的中央电视台，还有新浪的直播连线。可见这人机大战有多火！

脱身了，赶快回 VIP 房去。李世石的哥哥李相勋七段也赶来了。我和李相勋、梁宰豪一起研究。一直是很难的局面。进入官子了，形势不太乐观。在我们的守候中棋局走向终点。眼看着世石的手拿起两颗白子放到盘上，认输了。我旁边坐着的曹老师长长地叹了一口气。

大家站起来，说去看看吧。我问曹老师可以去吗，他说当然，让我跟着他。我赶快跟上。一行人鱼贯而出。一拐弯，迎面就是一片闪光灯和快门声。原本宽宽的走廊，被两排记者夹成了个窄窄的通道，我们只能成一列从通道中穿过。跟着曹老师低头前行时，想起在网上读过的一篇文章，很详细地描述了哈萨比斯如何在赛后艰难地穿过这片"雷区"的场景，原来就是这样啊！

进了对局室，远远望见棋盘，正好黄博士站起身来，担任裁判的韩国女棋手李多慧迅速在他的座位上坐下，大家围上去，和世石一起探讨棋局。我走进去，只有世石身后还有一个空挡。他们一直在摆后面的变化，我忍不住了，拉了拉右前方的金成龙，问："上面白棋压时，黑急所跳方的那手棋能长吗？不会死吧？"世石显然是听见了，迅速回头看我一眼（是确认吧），然后回过头去，摆起那里的变化来。

那一回首的瞬间，我看到了他满脸的疲惫、失落和无助，似乎是用尽了最后一丝力气！完全虚脱了的感觉。但他又极其认真地和大家一起讨论着各种变化，同时不住地叹息自己的某步棋，某个构思。我站在后面，心很痛。棋盘上还在摆着各种变化，突然我师叔说："唉，好了，回家吧。"于是大家直起腰来。马上有工作人员上来对李世石说，请休息一会儿，10分钟后记者会见。李多慧说："我来收子吧。"世石没有回答，自己收了子，慢慢站起身来。

我跑出去问记者会见在哪里，得知是韩国媒体所在的内信房后便赶快跑过去。但那里已经完全挤不进去了。这时，两个媒体房中间的隔墙完全撤去，我站在人墙后面束手无策。这时，看到旁边有一些外国人背着、扛着一些奇怪的器械，就问正好在旁边站着的美国围棋协会主席安德鲁·奥肯他们是不是Google的人，安德鲁说是。我说原来就是他们创造了AlphaGo啊！安德鲁说："不不，他们是谷歌的报道团队，来拍片子的。你想见DeepMind团队？跟我来。"安德鲁带着我从右边往前挤，到了用作警戒线的一个凳子那里，指给我看远处舞台旁边几个穿着同一服饰的年轻人，说："就是他们。"我问："他们都穿这个服装吗？"安德鲁说是的。

我谢了他。安德鲁离开后，旁边的韩国记者看见我，很好意地说，您可以去前排坐呀。但是守在那里的一位白人女子拦着不让进。我只好再挤出去。迎面碰上韩国棋院的职员，我问可以进去看吗，他说当然可以，带我到前面专门供工作人员出入的那扇门去，做个手势让我进去。门口当然守着人，我有点畏缩，正在那里探头探脑，第一排坐着的朴治文先生看见了，招手叫我进去，就让我坐在他旁边，这下真坐了第一排。

每个椅子上都放着翻译器，是韩文英文互转的模式。朴治文叫我用，我说不了吧，他坚持要教我怎么用，说很好的。正忙乱间，我一回头，看见李世石和哈萨比斯已经站在那个门口了。人群中李世石一个人孤独地站着，他的眼睛不知道在看向哪里，完全是空的，他的心里一定满满的都是刚才的对局吧。这时有人远远地喊他，说了一句什么，他微笑着听，点头致意，然后感觉又飘走了……世石的妻子和女儿也来了，坐在和我们同一排，我旁边的金成龙摸出手机说，叔叔给照相呀。李世石和哈萨比斯上台了，几乎是刚坐定，哈萨比斯就开始讲话了。台下韩国记者在喊话，他继续讲了两句，还是有人喊，哈萨比斯终于停下来了，一脸迷茫——原来是翻译器不工作了。弄明白后世石笑了，笑得很可爱。轮到李世石讲话了，他声音很轻，下面又大喊话筒话筒，世石调整了手握话筒的角度，问这样是否可以吗，声音从听筒中很清晰地流出来。于是他又讲下去。后来有嘉宾上台讲话，金成龙也上去了。然后是记者提问。忽然主持人宣布记者会结束，休息15分钟后发奖。

我比较迟钝，等反应过来，我所在的第一排就只剩我一个人了。我也站起身来，一回头，咦，第二排整整齐齐坐着的帅哥们穿着同样的制服，不正是DeepMind团队吗？也不知道哪里来的勇气，我又坐下来，向他们说："Hi, I'm from China."（你们好，我是从中国来的。）和他们坐在同一排的樊麾立刻过来向他们介绍了我。于是我们聊了起来。他们说他们都是从英国过来的，明天回去。我说，AlphaGo赢了李世石，我很难过。但我还是觉得你们了不起，创造出了这么出色的程序，"You did a great job！"他们微笑着说谢谢。然后告诉我，一年前AlphaGo还赢不了别的围棋程序。我问，但是这次来之前，是不是你们已经知道了能赢，他们没有正面回答，只是说，他们做了很多测试。我又问，第四局发生了什么事。他们说，他们也不清楚，要回去好好研究。还说，所以需要（向空无一人的台上指指）像李世石这样了不起的棋手来和AlphaGo对局。我说，有一种说法，说是你们换了一种程序，比较低的一个版本来下第四局。他们很认真地答，没有！这是不能的，如果这样做，是对你们的不尊重。我赶快谢了他们，说我很高兴听到他们这么说。聊着聊着，我突然想追追这群帅小伙儿的星，就问我能同他们一起合影吗。他们说当然可以啊！樊麾自告奋勇帮我们拍照。就在这时，呼啦啦一大堆记者涌来拍我们，这样樊麾也解脱出来，加入我们合影的阵容。对着镜头微笑时，我想，铸久说的真对，什么人机大战，是"人人大战"才对啊！是这些帅气、有礼、高智商的出色人才组成的团队，和我们职业棋界的杰出代表李世石的对抗，才共同谱写了一曲围棋之歌……我的心情突然开朗起来了。

（本文作者为芮乃伟）

来自未来的 AlphaGo——第二次人机大战有感

在不远的将来，基因分析师以及分析基因数据的软件会变得热门，遗传学会进入医疗保健领域……你的病就像你的个性一样，独一无二，并且被单独对待。

20世纪90年代初，我刚到美国时就接触了围棋人工智能。我和开发它们的工程师们每年会见几次，给他们出出主意、提点建议。那个时候的人工智能有点像牛车，缓慢而坚定地前行着，虽然可以清楚地看到它们的进步，但是感觉还是离我们很远很远。

大约10年前，我到加拿大班夫参加了一个数学家与IT人士的国际性年会。参加会议的都是这方面的专家，只有我一个人是纯粹的棋手。目前世界上有大约6 000种智力游戏（包括所有的棋类、牌类，还有许许多多我们想也想不到的），但是，只有围棋，还坚守着人类的防线，其他的都已经完全被计算机攻克了。我亲眼看到有人拿来一种新发明的游戏，只需一夜的时间，就一定会有人写出破译的程序。到了第二天，人就玩不过计算机了。但是大家都在感慨，围棋太难了，太多变化了，计算机算不过来啊！那时，我真为我们老祖宗的发明感到自豪。

慢慢地，围棋的人工智能发展起来了，很多国家都有IT人士在研究与开发，各种围棋软件相继出现，实力也大大提高了。不过我们还是认为，人工智能要赶上人类还早，至少在我的有生之年，人类还是可以赢过计算机的吧！

2016年1月27日，谷歌在《自然》（*Nature*）杂志发表论文，介绍了DeepMind团队开发的AlphaGo，以及它5∶0战胜欧洲冠军樊麾的消息和棋谱。

我注意到，在与樊麾的对局中，AlphaGo 展现出很强的实力。不过，当时的围棋界还是比较乐观的，大家认为从棋谱看，计算机是厉害了，但是没有厉害到可以和职业围棋的一流高手抗衡的地步。所以在 AlphaGo 和李世石的人机大战前，一般大家都预测李世石五盘全胜不成问题。

对于一直比较关注围棋人工智能进展的我来说，坦率地讲，对这次大战的人类方并不是那么有信心。看了 AlphaGo 对樊麾的五局棋谱，感觉计算机已经非常接近人类最高水平，尽管看上去它的很多着法还是有点拙，赢得也不多，但是计算机从来没有落过下风……很多人没想到 AlphaGo 第一局就赢了，而且赢得非常漂亮，也没想到最后 4∶1 的结果，居然是李世石只赢了一盘。当然那是一盘伟大的胜局，李世石在形势不利的情况下弈出"神之一手"，引出了 AlphaGo 的 bug（错误）。

从那次人机大战的整体看，AlphaGo 下得漂亮。比如第二局黑 37 手的尖冲，令人荡气回肠，感觉是吴清源老师回来了。吴老师曾说："200 岁之后我在宇宙中也要下棋。"那么，这是 AlphaGo 将吴老师的思想传递回来了吗？想及此点，我异常感动。

2017 年新年 AlphaGo 再度出山，以 Master 的网名在各大围棋对弈网站下了 60 盘棋，全胜。这 60 局，中日韩一流棋手轮番上阵，棋风迥异的顶尖高手们和 AlphaGo 在盘上激烈碰撞，为我们留下了精彩的棋谱。

在对 60 局棋谱的学习中，我们迎来了乌镇围棋峰会，人机大战第二季，由当前世界围棋第一人、年轻的柯洁对战 AlphaGo 三番棋。

此次人机大战的结果我觉得是没有悬念的，因为我仔细研究了 Master 的 60 盘棋（还写下打谱心得供大家讨论、一起学习），体会到了 AlphaGo 的强大。当然，我们希望柯洁赢，但是我更关心的不是胜负，而是 AlphaGo 会不会带来一些更加神奇的，甚至是我们职业棋士也看不懂的着法，我期待着看到人机之间更加精彩的对抗。

5 月 23 日第一局，柯洁执黑。AlphaGo 每一步都出乎我们的意料。特别是白 54 断，真是惊世骇俗的一手，记得芮乃伟当时不住地念叨："什么意思？这不是后手吗？"是的，是后手，但是这步棋，完全消去了黑势，又使空虚的白角变厚了……

当天我在接受采访时说，AlphaGo的亮点是下出了人类棋手的一个盲点，这充分说明了我们人类思维的局限性。我从这盘棋学到很多东西，但是还不够过瘾，因为柯洁的黑棋有点拘谨，没有放开。而AlphaGo展示了它掌控局势的能力，掌握了布局阶段的一点优势后慢慢推进，平稳地走向终点。第二盘棋，我非常期待柯洁展现出自己的风格，希望看到他对抗AlphaGo的最佳表现。

在24日的论坛上，DeepMind的CEO哈萨比斯和AlphaGo技术负责人席尔瓦的讲座非常精彩，令观众了解了AlphaGo是如何依靠它的策略网络和价值网络进行剪枝和判断的。但是最令人震撼的是席尔瓦先生在讲话中说，AlphaGo Master（2017年初在围棋网上60连胜的版本，此次对阵柯洁也是同一版本）经过这一段的深度学习，已经比同李世石下棋时的版本进步了three stones。三子啊！听到这个说法，柯洁立刻在微博上发表了"天呐"的感叹。

本来现在职业与业余之间的距离都非常小，三子得是多大的差距啊！真是有点难以置信。午餐时我们特地找哈萨比斯先生求证。哈萨比斯先生首先肯定了这three stones就是三个子，而不是三目（three points），然后解释说这是系统自己测定的，按照"AlphaGo李"同"AlphaGo柯"自己对下时的结果估算出的实力差距，不说明和人类下也能让三子。不过，他又补充了一句："也许是让两子……"

嗯，这也已经足够令人震惊了。想起2017年3月到日本的时候，碰到了武宫正树老师、赵治勋老师和小林光一老师，他们都不约而同地认为如果是60局连胜，按照棋份来说，那是两个子的棋份了。

25日第二局，一开始似乎柯洁小有不顺，但是他及时停住，转战下方，在进入中盘后成功地把AlphaGo拖进了一场乱战之中，这是柯洁最擅长的局面，可以尽情发挥自己的特长，感觉柯洁似乎放开了，拼命了，下得非常出色，可以说是为了逼AlphaGo使出了浑身解数。据赛后公布的数据，AlphaGo认为前100手是双方最善。虽然后半盘柯洁弈出问题手，棋局戛然而止，但是那一局棋，令许许多多的观众热血沸腾。

27日第三局，柯洁前半盘弈出问题手，之后奋力拼搏，一度使形势非常接近，但后半盘还是AlphaGo掌控了局势。我觉得，到了这时候，胜负更不重要了（当然对柯洁仍然是重要的），我们最期待看到的是他们两个下出什么样的棋，盘上的内容有多精彩，这一点，我想大家都没有失望。

去年，李世石与AlphaGo大战之后，我发表文章说："李世石并没有输给机器，而是输给了人类创造出来的高科技。"今天的柯洁也是如此。他做了最大的努力，我们为他鼓掌。

这次现身乌镇的AlphaGo，在深度学习、硬件并行加速以及搜索算法的优化方面都有长足的进步。曾经听说，DeepMind要训练一个完全没有人类棋手痕迹的版本，事实不是这样的。确切地说，是在学习了人类棋手的大量棋局的基础上，再进行完全的自我对弈训练的。也就是说，达到一个高度后，它只需要自己克隆自己，昨天的自己就是今天最好的对手。AlphaGo的运行原理是遇强则强，我觉得，它就像一面镜子，能够反照出最好的那个你。

赛后的新闻发布会上，哈萨比斯先生宣布AlphaGo将退出围棋赛事！也就是说，AlphaGo将退出江湖，从现在起只给我们留下背影。DeepMind团队同时宣布，将陆续公布AlphaGo互搏的50局棋谱。今天先公布10局，我看了几个片段，那真的是有着许多可以颠覆围棋观的内涵啊，谷歌的武功秘籍公开了。

非常感伤，一段传奇真的就这样离开了吗？

回味这场"绝唱"，在传承方面，AlphaGo吸收了很多前辈高手的精华并予以再创造。在棋局中，我看到它的很多着法有当年吴清源老师的影子，心里非常感动。也许，上天是通过AlphaGo映照出了很多职业棋手在历史上那些让人难忘的场景，那些可歌可泣的精神。我相信，无论科技进步到哪一层面，人类文明的精神、围棋的精神是永远值得我们景仰和致敬的。

我们要向DeepMind团队致敬，他们创造了奇迹。仅仅三年，AlphaGo就打败了人类几千年的进化。AlphaGo团队的黄士杰博士说："我看见了人因梦想而伟大的真实意义。"我想，我们职业棋士是幸运的，在这个科技突飞猛进的时代，我们能够看到超越人类极限的美好。仰望星空，来自未来的AlphaGo带给我们更加广阔而自由的视野。

人机大战成"绝唱"，人类围棋向何处去

2017年5月23号

AlphaGo 和柯洁的人机大战开战，这是一场让人期待已久的对决，因为 AlphaGo Master 在今年年初的时候用快棋在网上横扫中日韩高手。60 盘棋不败，这是非常令人震撼的胜率。但是毕竟是快棋，是人类要在 30 秒之内作出决定的快棋。我们还是希望能够看到人类棋手在更充裕的时间内，与 AlphaGo 对阵，比如每方三小时会下成什么样。AlphaGo 的厉害，人们已经知道了。我更想知道，人类与 AlphaGo 究竟差距几何？

第一场比赛，柯洁执黑下出了三三，跟着在白棋第六手小目高拆二守角的情况之下，又下了点三三，这是采用了 AlphaGo 在新年期间的手法。也许这就是柯洁准备的作战计划——故意模仿 AlphaGo 的风格。可是 AlphaGo 在针对厚味的棋形处理上是驾轻就熟的。最重要的一点是，这不是柯洁本身最擅长的地方。给我的感觉是柯洁太在意如何遏制 AlphaGo 了。可以说从这个点三三起，AlphaGo 就开始利用全局的厚味一点点去挤压黑棋。

白棋从 48 拆开始让人感到有点意外，因为从小目拆一符合棋理，离对方的厚势稍远一点。它拆二，然后黑棋当然是打入下边白阵地了。嘿，白棋在黑厚势上点一下，这个也算是正常。紧跟着白棋尖顶俗手把自己的角上方地紧紧拦住，

这样让我们担心起跟厚势一起如何补的时候白棋下出了 54 断，勇于落后手的下法。第一感觉是吃了一惊，因为这就是中盘时甘心落了一个明显的后手。

普通的人类棋手是不会这么于闲着处落后手的。细细品，这步后手的妙味慢慢地泛出浓郁的芳香。因为有了这手棋，白棋彻底消掉了黑棋的左边厚味，左下角得到加强，全局的主动性都变得简明起来。

当天我就发了一条朋友圈：

"AlphaGo 在今天最亮的一个亮点，是抓住了人类没有想到的一个盲点。这也显出了人类思维的局限性。"

从 2017 年新年以来，我开始打谱学习 AlphaGo Master 留下的 60 局棋谱，并且做了学习笔记，汇成了内部资料供孩子们学习。AlphaGo 行棋速度快，效率高，掌控局面的能力超强。今天再次给我们上了一课。

2017 年 5 月 24 号

今天 DeepMind 团队给大家讲解 AlphaGo 是如何深度学习的。其中爆炸性的新闻是说 AlphaGo 经过这一段的深度学习，已经比同李世石下棋时的版本进步了三个子。这三个子在棋盘上就是不得了的距离。由于本来现在的职业与业余之间的差距就非常小，我们不太相信 AlphaGo 能够真的让三个子。

不管怎么说，有一点各国棋手是相通的，那就是大家都在打 AlphaGo 的棋谱。AlphaGo 吸取了以前强手的精华，并且几乎在每一盘棋里都有新的创造，这些弥足珍贵。可以预计这将成为棋手下一步最主要的一种学习模式，那就是认真学习 AlphaGo 所下的棋。如果有一天 AlphaGo 出单机版，我相信很多棋手都会尽可能跟他对练，从中学习很多有意义的着法。

但是人类的学习深度也有了几千年的积累，现在围棋的核心部分是人类棋手创造的。人工智能也是抓住了这样一些历史上精彩的瞬间让人能感受到 AlphaGo 人文的一面，有情感的一面。

从学习的角度，我们希望多看到一些人机对决。现阶段 AlphaGo 的棋还基本上没有看不懂的。虽说他的有些着法你暂时不理解，但是仔细琢磨之后还是能够明白的，当然你未必下得出来。

像第一盘 AlphaGo 最妙的当然是白 54，可是对于人类棋手来说，更想了解的是，他是从 48 手的时候就有这样的计划吗？还是说从更早一点吃掉对方角上两个子时就已经开始准备呢？消除黑棋厚势是早做了这样的准备呢，还是随时可以看到很远的着法及时调整呢？真是让人觉得意味深长的事。

这些是人类的深度学习。这实际上是因为到目前为止 AlphaGo 确实是超越了人类最强的棋手。但是它究竟有多强？我的感觉是 AlphaGo 遇强则强。大家在看棋的时候自然期待人类的最强棋手能够战胜人工智能，不过，能够把它的最强面逼出来，就已经是成功了！

2017 年 5 月 25 号

很多记者在第一局和第二局后都在不停追问 DeepMind 准备何时公布后台的数据。我们可以设想，现在的 AlphaGo 还远远没有达到完美的境界，但是它站在人类的肩上已经使我们看到了一个非常远的未来，那就是还有很长的路要走，围棋可以有更加广阔的空间。

AlphaGo 的出现，是我们人类棋手的幸运。至于说今后整个社会是不是会有一少部分人去创造人工智能，而另一部分人的工作可能都会为人工智能所取代，这可能是一个更加宏大的人文课题。

2017 年 5 月 27 号

经过这几天与人工智能的接触，让我们感受到，中国的儿童围棋教育显得更加迫切，这些棋谱是宝贵的财富，是围棋真谛的延续。2011 年，我们开办了针对孩子的江芮围棋学校，平时也通过"江芮围棋"微信公众号发布和学棋有关的文章。学习围棋可以让孩子从很早开始就接受逻辑推理训练，培养他们的集中力，教他们如何对待挫折，润物细无声。我们需要学习的太多了，老师也跟着要学习，围棋教育跟我们用什么教学方法关系很大。新的一代获得了比前辈更高的起点，更应该去把围棋精神发扬光大。

致敬谷歌，同时又非常感伤，一段传奇真的就这样离开了吗？

第二篇

○●

追忆吴清源师父

从吴清源到 AlphaGo

是三子而不是三目

"什么？让三子？"职业围棋界炸开了锅。

2017 年 5 月 24 日，在乌镇围棋峰会的论坛上，谷歌 DeepMind 团队技术负责人大卫·席尔瓦先生宣布："去年和李世石五番棋 AlphaGo 版本，经过这段时间的深度学习，进步了三个子。"对战的另一方柯洁则在微博里说："这个差距有多大呢？简单地解释一下就是，一人一手轮流下的围棋，对手连续让你下三步……就像武林高手对决让你先捅对方三刀一样……我到底是在和一个怎样可怕的对手下棋……"

AlphaGo 以 4∶1 战胜韩国顶尖高手李世石，是在 2016 年 3 月。十个月之后，AlphaGo 又在与柯洁的对决中连赢三局。

旗开得胜的第一局中，执白的 AlphaGo 虽然只胜了 1/4 子——这是围棋比赛计算的最小值，但是在职业棋士看来，那盘棋 AlphaGo 一直掌控着局势，柯洁根本没有胜机。况且比赛的结果以输赢计，输多输少本无意义。

AlphaGo 每时每刻都在进步，我们人类喝杯水、吃点东西的时候，我们睡觉的时候，它一直在深度学习。这次的三番棋，柯洁拼死战斗，但是周边对于胜负的预测是一面倒的，说柯洁有 10% 的胜率已经是很乐观了。因此，我期待的是 AlphaGo 会不会带来一些更加神奇的、甚至是我们职业棋士也看不懂的着法，期待着看到人机之间更加精彩的对抗。

但即便如此，三个子，仍然是太深的一道鸿沟。芮乃伟甚至觉得，会不会是我们理解错了，说的"three points"（三目）而不是"three stones"（三子）？因为即使是三目，在职业棋士看来也已经非常悬殊。

午餐时，大家仍然在热烈讨论中。徐莹突然说，我们直接去问问哈萨比斯吧，就是没人翻译。我说我来啊，就是不知道他在哪。四下一望，DeepMind 创始人、AlphaGo 之父德米斯·哈萨比斯先生正在大餐厅另一头的角落里就餐。

说去就去。我走上前说："对不起，哈萨比斯先生，打扰你午餐了。我们是职业棋手，有个问题想请教你。"哈萨比斯先生站起来说："很高兴认识你们，请问吧。"

我说："我们很尊敬你们，你们团队做了了不起的事情。想请教的是，上午席尔瓦先生说，现在的 AlphaGo 比和李世石对局时进步了三个子，这是表示在棋盘上的三个子呢，还是三目？"哈萨比斯先生回答："是三个子！"同时他比划了一个在棋盘上落子的动作。

我转身告诉大家，他说是三个子。徐莹急了："这是真的？三个子可是很大的差距啊！"哈萨比斯先生像是听懂了我们的对话似地，点点头，又解释道："不过，这是我们内部由新旧两个版本自己对弈后的胜率统计而测定的标准，并不说明可以让人类棋手三子。"之后又补充一句："Maybe two stones."（也许两子。）

我谢了他，然后说："真是太了不起了！ AlphaGo 在 2017 年新年时在网上下的 60 盘棋非常厉害，我仔细地打谱研究。AlphaGo 的棋下得太精彩了，去年对李世石第二盘的黑 37 尖冲，就很像吴清源老师的思路。我把这一手印在 T 恤上，发给自己的学生穿，这次也带来了，希望能够送给你。"哈萨比斯先生说："就交给我的助手海伦吧，谢谢你！"

我说我还有一个建议，我们都很想看到 AlphaGo 自己对下的棋谱，能不能发表一些，供我们学习，哈萨比斯先生说会考虑。

我们再次感谢他。徐莹请他签了名。走过两个桌子，碰到美国围棋协会主席安德鲁等几个朋友，我们便停下来一起讨论。有人说本来这次有过这个想法的，AlphaGo 让职业棋手三子，看看会是什么结果。可也许职业棋手不愿意吧。乃伟脱口而出："我愿意啊，我想看看 AlphaGo 到底有多强。"记者朋友笑了："那我们是不是应该向 DeepMind 团队提出来啊？乃伟从来都只想着棋盘上的事儿，她才不在乎输赢和面子呢。"

这时，哈萨比斯先生从餐桌那里径直向我们走来，微笑着说："我想跟你们一起拍照可以吗？""当然可以！"，我回答道。拍完照，哈萨比斯先生问："你们两个都是九段？"我说："是"。他问："还有别的九段夫妇吗？"我说："目前还只有我们"。然后我说："我知道你是国际象棋大师，13 岁就拿到了大师称号。"他笑了，很开心的样子。助手在催他去下一个日程了，他说："让我们共同期待明天的对局吧。"

重现一个更厉害的吴清源

哈萨比斯的父亲有希腊和塞浦路斯血统，母亲是华裔新加坡人。他 1976 年出生在伦敦北部，不仅在 13 岁时获得了国际象棋大师称号，还是五次获得"智力奥运会"精英赛冠军的世界纪录保持者，被誉为这个星球上最聪明、身价约合 6.3 亿美元的人工智能专家。

在乌镇的演讲里，哈萨比斯说："AlphaGo 和当年的吴清源先生一样，引发了一场围棋革命。希望这次能对围棋界有所帮助。"他还特别邀请了吴老师的女儿来到乌镇观战，可见他对吴清源老师的尊敬。

我后来告诉哈萨比斯，吴清源有两名弟子，一位是林海峰。他说林先生他知道的。我说还有一个，我指指身边的乃伟："就是她！"哈萨比斯先生笑着对乃伟说："没人告诉我你在这里。"

吴清源老师步入老年后仍然每天研究围棋，探索精神永不停止。20 世纪 90 年代初，他收了芮乃伟做弟子，教给她很多着法，帮助她打开思路。同一时期，吴老师将他的研究心得以"二十一世纪的围棋下法"的题目发表。吴老师认为，现代人局限很多，经常走进死胡同，棋士应该以更加自由而广阔的视野来注视棋盘。

作为弟子，芮乃伟是在吴老师晚年聆听他教诲最多的棋手，可惜的是当时她正式比赛很少，得不到很多实践的机会，另外也有天资和棋力方面的局限。

她是尽可能地在有限的对局中运用吴老师的思想，有些效果不错，但是也有很多地方理解得远远不够，或者后续手段没有跟上。吴老师 21 世纪的围棋，没有被大家普遍理解和接受，有吴老师的理论太超前的原因，但也有乃伟这个弟子不得力的原因。

我对哈萨比斯说："我们都很希望能够有机会和 AlphaGo 对局。不过我更希望，如果有可能的话，把吴清源老师精彩的棋局都输进去，让 AlphaGo 帮我们重现一个更厉害的吴老师，或者帮我们更好地理解吴老师当年的想法（能看到 AlphaGo 的后台分值就可以）。"哈萨比斯先生说："这个主意很好啊！我们要找个时间坐下来好好聊一聊。"

此前，在和 DeepMind 团队的研发专家谈话时，我就提出了这个希望：AlphaGo 能不能展现出历史上各位大家的棋风，让我们看到一个更加强大的吴清源老师或者武宫正树九段。换言之，一个更有特点的、有人文精神的 AlphaGo。

其实 AlphaGo 已经在这么做了。去年战李世石的 AlphaGo，更多的是传承和总结，通过深度学习，融会贯通人类在围棋上的精华部分。而现在的 AlphaGo，是在此基础上，完全左右互搏，用自己的学习和判断，进行再创造，展现出远超人类的强大实力。

对李世石的第二局，黑 37 五路尖冲，这一手超出了所有职业棋手的想象。我当时看了真是热泪盈眶，觉得吴清源老师又回来了。

"200 岁之后我在宇宙中也要下棋"

1934 年 1 月 29 日，日本东京数寄屋桥的旅馆，近代日本围棋史上一盘非常重要的对局进入了官子阶段。19 岁的吴清源对阵 61 岁的秀哉名人，这场历时三个半月的比赛终于要到终点了。

盘上是执白的秀哉名人稍稍有利的形势。对局中，吴清源起身离座去洗手间。他拉开纸隔门，低头找到拖鞋，一抬头无意中看见休息室里黑压压一群人安静地端坐着，身穿和服正装，每个人手里都拿着棋谱，上面列出各种收官方式直至终局的路径。也就是说，本因坊门下已经将所有的官子都彻底研究透了。虽然人这么多，可是鸦雀无声，气氛异常紧张。

这盘棋从 1933 年的 10 月 16 日开始，一直到 1934 年 1 月 29 日才结束。对局吸引了全日本围棋界乃至其他各界瞩目，因为一方是刚刚获得全日本选手权战冠军的 19 岁的吴清源，而另一方是代表传承日本三百多年围棋历史的本因坊家族的秀哉名人。这注定是一场新旧势力的对抗，而吴清源的中国人身份，又使比赛戴上了国际棋战的标签。

比赛的规则是每周的星期一下四个小时，白方秀哉名人可以随时暂停，而执黑的吴清源则必须在每一次对局中下最后一手棋，这意味着每回比赛暂停后，秀哉都可以回去研究，而事实上他也这么做了——召集所有门下弟子研究对策。

这样不平等的规则，是日本职业比赛的传统，每逢重大比赛，上手一方是可以随时暂停的。由此带来的便利条件是逢难题他可以回去研究，甚至是集体研究。本因坊门下将才如云，前田陈尔就是出类拔萃的一员虎将。

当时吴清源正处于用新布局下棋的狂热时期，执黑第一手即于右上下三三，接着又在对应的角上下星位，第五手则下在天元，就是著名的三三星天元一局。下三三在当时是注定要引起轰动的，因为三三对本因坊门人来说是禁着。历代本因坊早就宣布了三三不是好棋，所以不单本因坊一门不能下，就是别的门派的棋手，也是不敢下的。尽管吴清源在研究新布局的过程中下了很多次，但是敢在秀哉名人面前下出来，依然遭到很多非议。有些报纸评论说，吴清源第一步的三三是对本因坊的无理挑战，甚至说这是心理战的一部分。很多抗议的信件写给了主办方读卖新闻社。

从技术方面看，三三之所以被历代高手所唾弃，是担心过于注重实利，不利于中央作战。这似乎也是有道理的。第三手的星，又是重势的一手，在传统的思维中也不受待见。那时的正统是小目，认为兼顾势和地。

那么问题来了，重实地的三三和重势的星的结合，到底要干什么呢？更有甚之的是，第五手天元！到底是要势呢还是要地？看上去实在是有些矛盾的，有违当时的围棋观，即使是善意的人们，也是不能理解。下棋最重要的是连贯性，加上长期以来"金角银边草肚皮"的说法根深蒂固，下在天元？这不是草肚皮嘛！总之，这真是一个奇特的布局。

多年后的今天，我们看到 AlphaGo 就是这么下的：一会儿尖冲对方的小飞角，是取势的下法，紧跟着就点三三了，完整的实地路线。那么我也想问，"阿老师"究竟是要取势还是取地呢？原来，不单单是三三星天元那局棋的时代大家没能明白吴清源老师超前的围棋观，就是80年后的我们，也没能真正理解吴老师啊！

　　现在，横空出世的AlphaGo，使用了很多吴老师曾经提倡的思想与战术。吴清源曾说过："200岁之后我在宇宙中也要下棋。"也许，上天是通过AlphaGo传递给我们吴老师的信息，盘上那些自由而无拘束的着想，映照出吴清源老师一生中那些令人难忘的场景和可歌可泣的精神。AlphaGo帮助我们更好地理解和体会吴老师当年的教诲，使我们更加明白吴清源这个名字的伟大。

来一场淋漓尽致的失败

　　下午，一不小心去了杰夫·迪恩的记者会——后来才知道这个软件工程师有多牛，据说谷歌员工认为谷歌搜索惊人的速度都归功于他。举手提问的记者非常多，感觉都是科技圈的，和我们职业棋手的关注点有所不同。

　　会后，主办方好意安排我和他聊几句。我先做了自我介绍，然后告诉他，在美国时我家就在Mountain View，离谷歌总公司很近，甚至比你们公司还要早进驻硅谷，他笑了。于是我问他，AlphaGo的开发会一直继续下去吗，有没有目标，比如准备进步到什么程度。杰夫马上严肃起来，答道："这个要去问DeepMind团队……"我再问："我现在正在从事围棋的儿童教育，你觉得人工智能，比如AlphaGo在对孩子的教育方面有些什么帮助？"杰夫很认真地说："人工智能会很好地启发孩子们的创造力。"

　　谢过了他，我们一起下楼，说了再见。过了一会儿，我正和一些朋友聊天，看见他又转了回来，一脸迷茫。问他是不是迷路了，他说听说有咖啡喝，可是怎么找不到呢？我赶紧指给他方向。美国公司这么顶级的牛人身边是没有助理的。

　　再次跟杰夫说"Bye"，回头继续聊天。美国围棋协会的另一位朋友，安德鲁·杰克森负责这次宣传的工作。他说："我听说你有学习AlphaGo 60局的笔记，我有没有荣幸看看呢？"我马上把包里带着的两本拿出来送给他。他说要把它翻译成英文，这可以帮助很多人学习。我说："没问题，如果可以帮到更多人我就太高兴了。"

　　不一会儿，欧洲围棋协会主席马丁也跑来要学习笔记，自然要送。我很愿意分享自己对AlphaGo的学习体会，希望更多的围棋爱好者能够欣赏到"阿老师"

在盘上的出色表演。

就像我在柯洁对 AlphaGo 第一局之后接受新浪专访时说的，这次人机大战的结果是没有悬念的。比起胜负，我更希望的是，柯洁放开了拼，下出他的最好状态，"来一场淋漓尽致的失败"，这样也可以迫使 AlphaGo 展现出更强的实力。

记得去年李世石输给 AlphaGo 的时候，乃伟难过得天昏地暗。但现在，她和我一样，都由衷地为"阿老师"鼓掌，心心念念希望看到更加美好的围棋。

AlphaGo 就像一面镜子，能够映照出最好的那个你。如果你实力一般，表现平平，AlphaGo 没准只赢你几目；而如果你下得精彩，那么，AlphaGo 也会精彩，会更加精彩。

想念师父

今天是吴清源老师 103 岁的冥寿。

在他老人家百岁生日前，他说过："200 岁之后我在宇宙中也要下棋。"

两年多前，AlphaGo 横空出世，所采用的很多着法都是吴老师当年的思想，有些简直就像是直接把师父在研究会上摆出来的变化拿去用。是上天经由 AlphaGo 传递回来吴老师在天上的信息吗？

翻到一篇旧文。我从首尔专门飞去东京，参加师父 88 岁米寿的生日祝贺会。这也是我们最后一次和吴老师一起摆棋。

想念师父！

2002 年 7 月 5 日中午，在东京新宿的一家餐厅里，20 多名吴清源研究会的职业棋手，参加了为吴老师 88 岁生日举行的祝贺会。

吴老师研究会，最初成员其实只有乃伟一人，她作为助手协助吴老师拍摄教学录像带，对象主要是业余棋手。不想，很多职业棋士看了都觉得很有帮助，再加上王立诚九段经常在重大比赛中率先使用吴老师的新思想新研究，并获得成功，职业棋士加入的就越来越多。这天就有从关西赶来的棋手。

88 岁，在日本被称为米寿，是个很重要的庆贺寿辰的日子，所以这次来的人特别多。除棋手和一些有关人员外，还有日本 NHK 电视台及朝日新闻等几家媒体到场采访。受中国 CCTV 的委托，NHK 台在录像时，还特意请吴老师在致词时分别用中文和日文讲两次。

吴老师这天显得很高兴，讲话的时间也很长。因为在座的大多数是职业棋士，所以吴老师讲得最多的是如何学棋和应该怎样去思考，以及鼓励大家多钻研棋；另外还说，大家都还年轻，今后的日子长着呢，会有很多机会的，所以要多保重身体，身体最重要。

不知怎的，吴老师讲完后就定定地看着我。我说了祝福的话，也请老人家多保重身体。吴老师似乎想起了重要的事情（不知何时给老人家留下了乃伟身体不太好的印象），大声说："乃伟要注意身体，你要多关照她的健康。"我赶快说："托老师的福，她最近很好。这次不能来是因为签证的原因。"我怕老师因误会而生担心。不料吴老师停了片刻后又说："你身体挺好的。"这话引起了大家一片笑声。看来老人家的意思是我只注意了自己的健康，但是他的下一句话就漏了底："海峰的身体也很好。"显然吴老师是以块头来论健康了。

餐后，吴老师立刻坐到了棋盘前。先看王立诚的对局，吴老师在讲评的时候，还不时询问坐在一旁的林老师的意见。立诚兄在比赛中实践吴老师的构思和研究时最大胆，也最有成效，再加上他的对手都很强，所以摆出来的棋总是很精彩。大家一起参与讨论，然后再由吴老师讲评、总结，使我们都学到很多东西。

接着，大家好意地推我上去摆我的实战对局，这也是我所盼望的。正好刚刚在联赛中败给刘星，许多地方不明白，就摆出来请吴老师看。吴老师对我比对乃伟要客气一些，指出我下得不好的地方时，还总说下次努力，会有机会的。

这天因为人多，摆到 5 点多，也不过看了几个人的几盘棋。吴老师明显累了。老人家总是这样，每次同大家在一起就非摆棋不可，一讨论到棋就精神了，但摆完了还是显得非常累。况且今天还有棋以外的活动，虽说是高兴事，但对于吴老师来说，恐怕棋外的事比棋盘上的世界更累人吧？

林海峰老师及夫人带领着大家向吴老师道谢，然后，将吴老师夫妇扶上车，在暮色中开车离去了。

第三篇

○●

AlphaGo Master 对局
打谱心得

黑方：潘亭宇　初段

白方：Master

地点：Tygem 围棋网

贴目：6.5 目

手数：146

结果：白中盘胜

AlphaGo 网络世界大师对局第 1 局

这是化名 Master 的 AlphaGo 在网上 60 连胜的第一局。

白 18 碰，惊艳的一手，从前安永一老师有过类似的下法。白 20 扳、白 24 压，执着地把黑棋左边空凿实了，换来白 26 的尖，整体构思有趣，值得学习。

白 42 脱先占据大场。也可以考虑在 54 位尖冲扩张上边的模样，但是 AlphaGo 的判断是守角更实惠。这是全局性的考量。

黑 43 尖求战，至黑 47 跳出，形成双方对跑的局面。

白 48 挡，目的是接下来白 50 挤是先手，在获取实利的同时丰富这块棋的眼形。黑 49 跟着挡随手，既被白棋先手便宜，又没有破掉白眼位。黑 49 当然应该脱先，如果是我，很想走 6 右上尖冲的位置，白若爬，黑就跳一个，远远地接应中央黑子并瞄着白棋大块。

白 60 大场，白 62 以俗手开始，至白 70 先手把黑棋压在里面，白 72 镇头绝好点，攻击的同时围空，一箭双雕。一转眼，白棋在下方围出巨大方阵，优势历然。

2017 年春节期间，在日本与小林光一老师、武宫正树老师聊到 AlphaGo 的 60 胜时，都说这是了不起的成绩。当然，因为是快棋，人类棋手的实力发挥要打很大折扣，但是一局未胜，这结果仍然是相当惊人的。

黑方：张紫良　二段

白方：Master

地点：Tygem 围棋网

贴目：6.5 目

手数：174

结果：白中盘胜

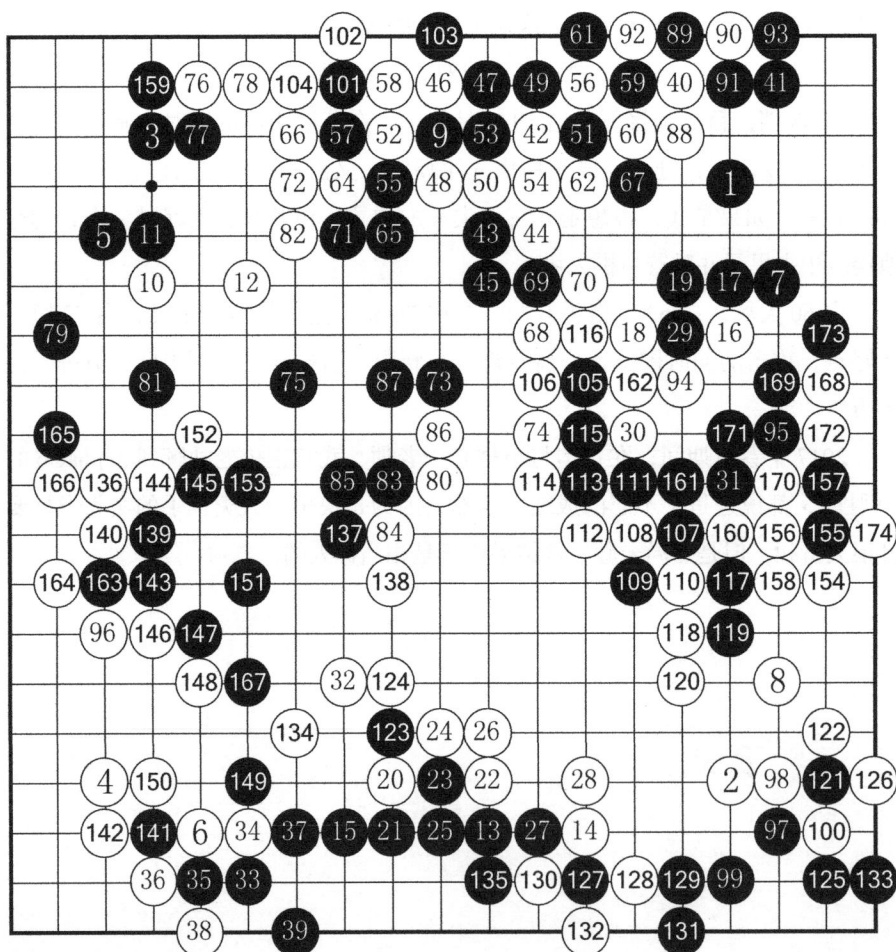

63 = 56

AlphaGo 网络世界大师对局第 2 局

在我的印象中，AlphaGo 是不下小目加小飞守角的。小目加小飞，我们称之为无忧角，意思是这样一守，角地就牢靠了，因而无忧了。但是 AlphaGo 显然不这么看。对付无忧角，它的办法大多是实战白 10 的尖冲，和 77 位的靠——既然你已经很坚实了，那我就从外围压缩你——当然选用哪个要看全局的配置。

这盘棋，白 10、白 12 和白 16、白 18 四手，无论对方是星小飞还是小目小飞，它一律尖冲，潇洒之极。这也是当年吴清源老师喜欢的下法。

白 20、白 22 压迫黑棋拆二，在右边没有己方子力的情况下，着手构筑厚味（一般会认为被黑 31 拆，白厚势有落空之虞）。接着白 32 飞好形，继续逼黑棋活在下面，今后白 127 位立有先手味道，这样白角地也变厚了，如是细品白棋可以满意。这是人工智能的贡献，总是在打开我们的思路。

白 40、白 42 掏空狠，AlphaGo 的特点是喜欢实地，但是又随时会在空中飞舞，其收放自如是全局控制力的体现。

白 44、白 46 是治孤手筋，像极了坂田老师的手法。

黑 51 应该在 52 位长，实战被白 52 打，白 60、白 62 再包打，黑棋难受。至白 68，白棋破去上方黑空，且攻守颠倒，这一带的作战白大获成功。

黑方：Master

白方：丁世雄　三段

地点：Tygem 围棋网

贴目：6.5 目

手数：151

结果：黑中盘胜

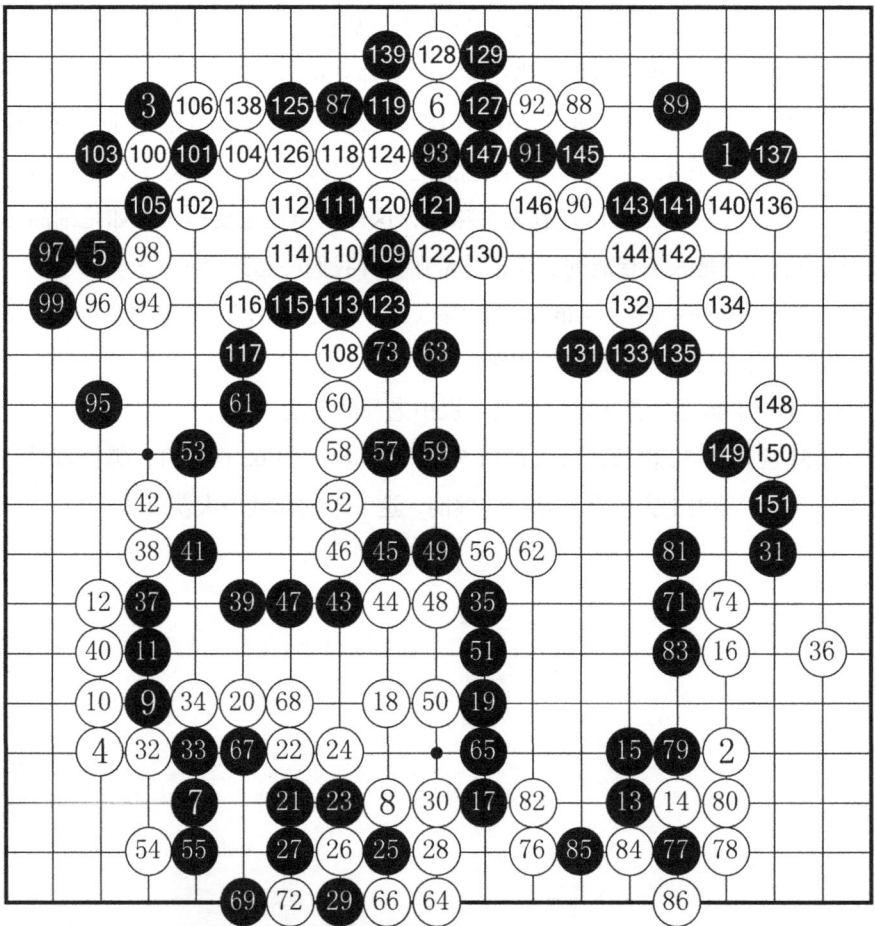

⑦⓪ = ㉖　❼❺ = ❷❾　❶⓿❼ = ⑩⓪

黑 9 飞压是 AlphaGo 喜欢的下法，之后有几局棋，它又改成了下 11 位大飞。

黑 13 挂时，白 14 想在 82 位拆二夹。

白 20 有力，黑 21 谋求转身，至 30 黑棋不见便宜，也许这是以后黑 9 直接在 11 位大斜的原因？

白 32、白 34 冲断，白 38 扳，一场大战开始。但是黑 41 时白 42 过度强硬，被黑 43 封住，白棋突然陷入苦战。白 42 本手是 45 跳，当然这样的话被黑 42 先手打一下也是很痛苦的。所以回到当初，白 30 不如直接在 37 位贴起，白形厚实，应该可以满意。

黑 53、黑 61 都是高效率的补棋。

黑 65 太狠了。本来在 66 补活应该也是不坏的形势，但是黑棋放一破绽，让白来吃，然后黑 69 做成顽强的劫，白大块真是生不如死啊！

黑 71 还脱先，对杀的两块棋依然是打劫。

黑 81 柔软，回到 87 急场，全局差距就大了。

黑方：谢尔豪　四段

白方：Master

地点：Tygem 围棋网

贴目：6.5 目

手数：222

结果：白中盘胜

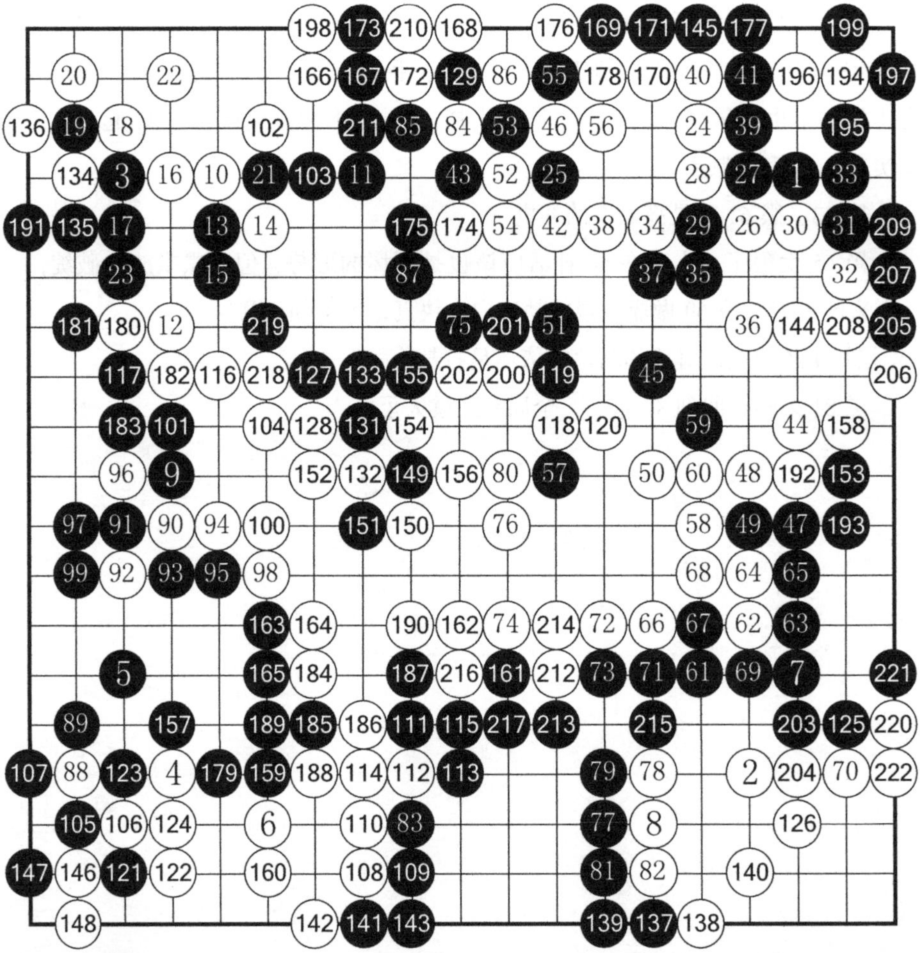

(130) = (53)

AlphaGo 网络世界大师对局第 4 局

白 12 大飞，是 AlphaGo 喜欢的下法。在已有黑 9 一子的配置下，至黑 23 双方大致如此，黑棋应无不满。

白 26 飞，黑 27、黑 29 冲断之后，原本定式是白在 25 右一路靠，黑 35 长，白 38 长或者白 46 扳。实战白 30 挡，然后白 34、白 36 是相关联的强手，为 AlphaGo 的首创。到白 46，白两边都安定了，新手获得成功。

追究起来，黑棋的应对有点软弱。首先，黑 37 和白 38 的交换应保留，单在 39 位挡比较好，白若也 40 立，黑肯定不会简单地 37 送白棋出头，而要考虑 38 尖，或者 38 下一路之类的强手。

关于这一局部的变化，国家队的年轻棋手正在展开深入的研究，也有人已经在比赛中尝试了。

此后，白 48、白 50 在治孤的过程中，处处反击着黑棋，好看。

白 62 巧手，至 70，连整形带守住角上的空，再 72 至 76 顺势出头中央，弈得自然流畅。白优势历然。过程中黑 63 单在 69 位接较好。

白 90 靠时机绝佳，至 104 走厚中央又压缩了黑空，是值得学习的简明定形法。

黑方：Master

白方：於之莹　五段

地点：Tygem 围棋网

贴目：6.5 目

手数：113

结果：黑中盘胜

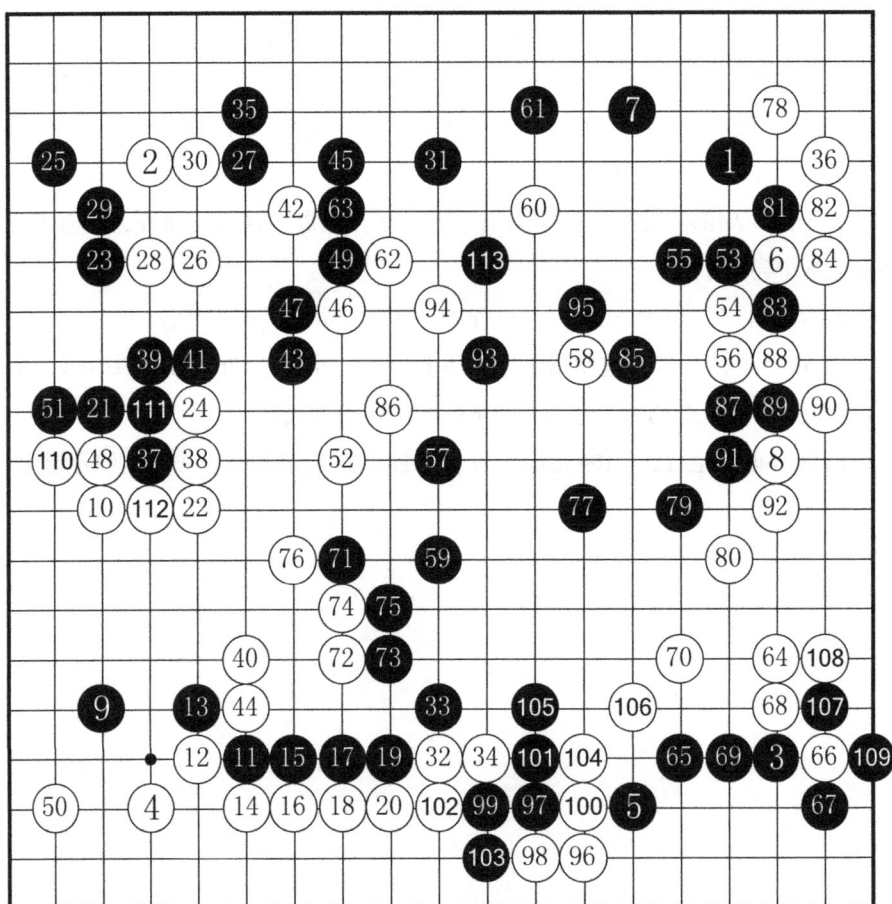

AlphaGo 网络世界大师对局第 5 局

　　黑 5 以后 11 位大斜，是 AlphaGo 喜欢用的布局，打破了人类对这个布局的认识，以前是以为白棋好的。

　　白 24、白 26 是人类常用的手法，但是之前没有人下出 27 位的好手。

　　黑棋争得先手，补回到 31 位，明显是黑棋速度快，好！

　　白 32 时，黑 33 是准备随时反扳一下的。

　　黑 35 不仅抢了空，还瞄着反击。

　　黑 37、黑 39 来了，黑 41 反击，至黑 45 基本就把上边吃住了。

　　黑 53，此后多次采用这样的定型。

　　黑 57、黑 59 的连法在中央摆出好形。

黑方：Master

白方：李翔宇　三段

地点：Tygem 围棋网

贴目：6.5 目

手数：131

结果：黑中盘胜

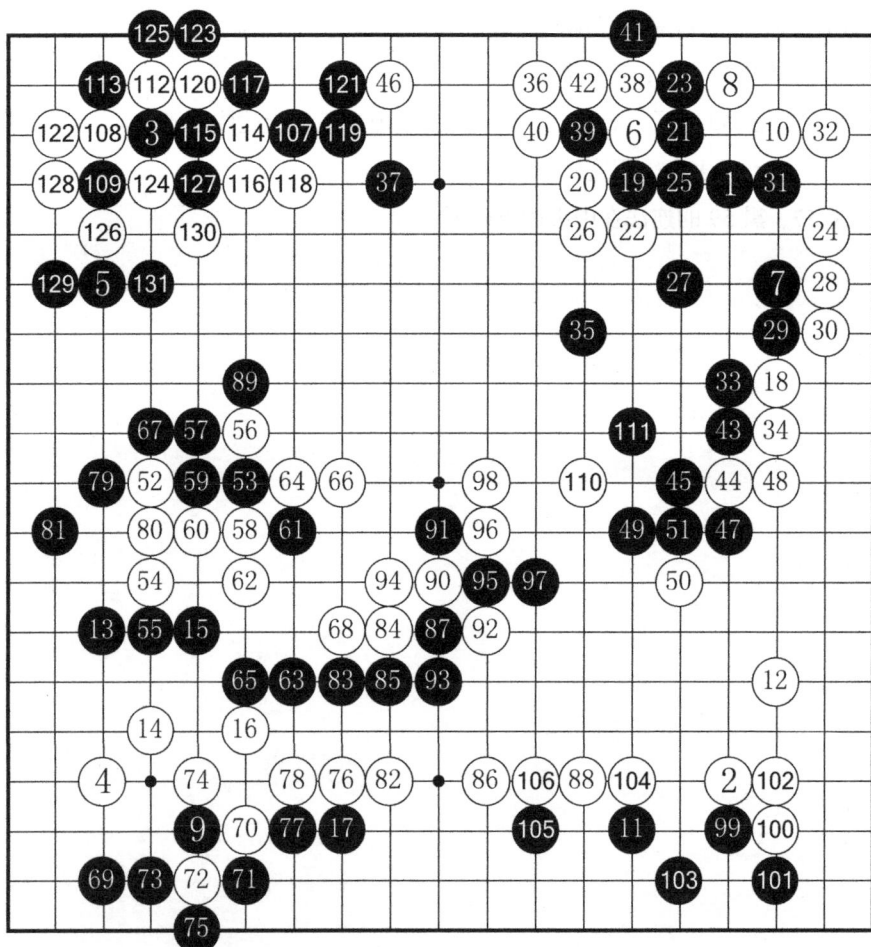

黑 11 脱先，AlphaGo 不认为 34 位拆二大。

黑 13、黑 15 是老定式，黑棋觉得这样扩张左边比较大。

黑 19 是有备而来的愚形。

黑 39 的断，以前曾见过安永一老师用过，迫使白去抢 46 位，黑 47、黑 49 出头太舒服了。

黑 53 攻击白棋，59 先粘后 61 扳，让对手的棋形变愚，效率就低了。

到黑 81 大获成功，边上围起了空，左下角赶出了白棋，还争得了先手。

黑方：Master

白方：乔智健　四段

地点：Tygem 围棋网

贴目：6.5 目

手数：163

结果：黑中盘胜

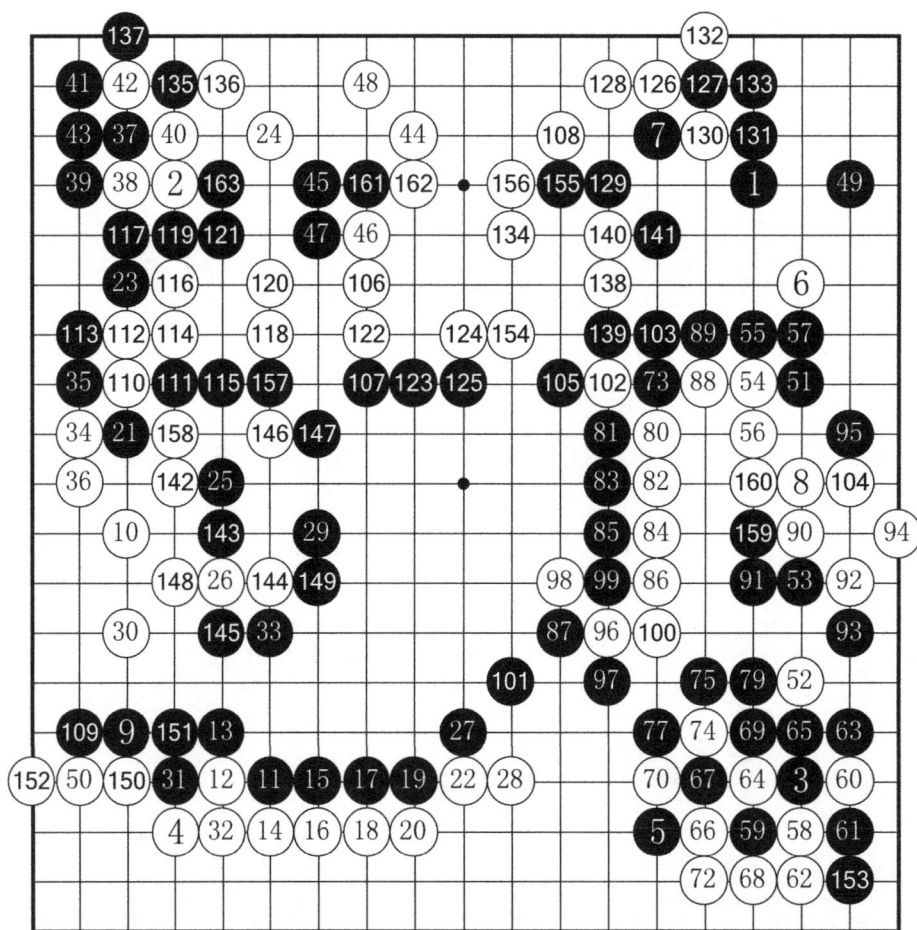

71 = 59　　76 = 64　　78 = 67

AlphaGo 网络世界大师对局第 7 局

黑 9 低挂是 AlphaGo 喜欢的下法。

白 10 三间夹的时候，黑 11 是准备好的套路。

白 20 爬的时候，黑 21 利用厚味打入，好手。

白 22 缓，被黑 25 飞住太大了。

黑 27 先扳了之后，黑 29 飞住，黑棋顺畅。

白只能在左边苦活，黑 37 顺势把角点了抢实地。

白 46 先反击，再 48 渡过是好次序。

黑 49 像李昌镐九段一样单关跳下。

白 50 时，黑 51 打入要点，及时。

然后黑 53 再次打入，紧凑。

黑方：韩一洲　五段

白方：Master

地点：Tygem 围棋网

贴目：6.5 目

手数：104

结果：白中盘胜

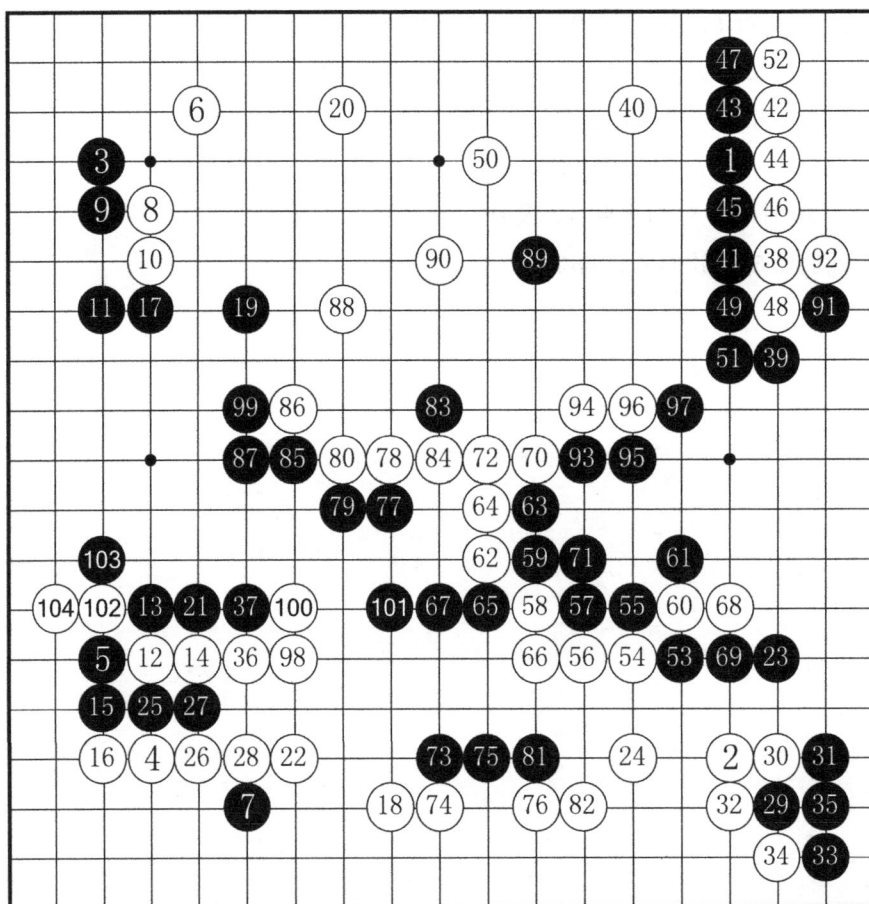

AlphaGo 网络世界大师对局第 8 局

白 6 小飞挂是 AlphaGo 总结过的下法，不惧黑棋的双飞燕。不过白 8 时，黑棋可以选择冲断，更加激烈。

黑 15 选择先长后 17 压出，是有力的反击。

白 18 反夹是要点。

白 22 吃净一子冷静，先围住一块大的空。

白抢到 38 挂角非常大。

白 48 争先手，50 抢先补强自己。

白 54 是基于判断的下法，让黑棋脱不了手。

黑方：Master

白方：孟泰龄　六段

地点：Tygem 围棋网

贴目：6.5 目

手数：275

结果：黑 4.5 目胜

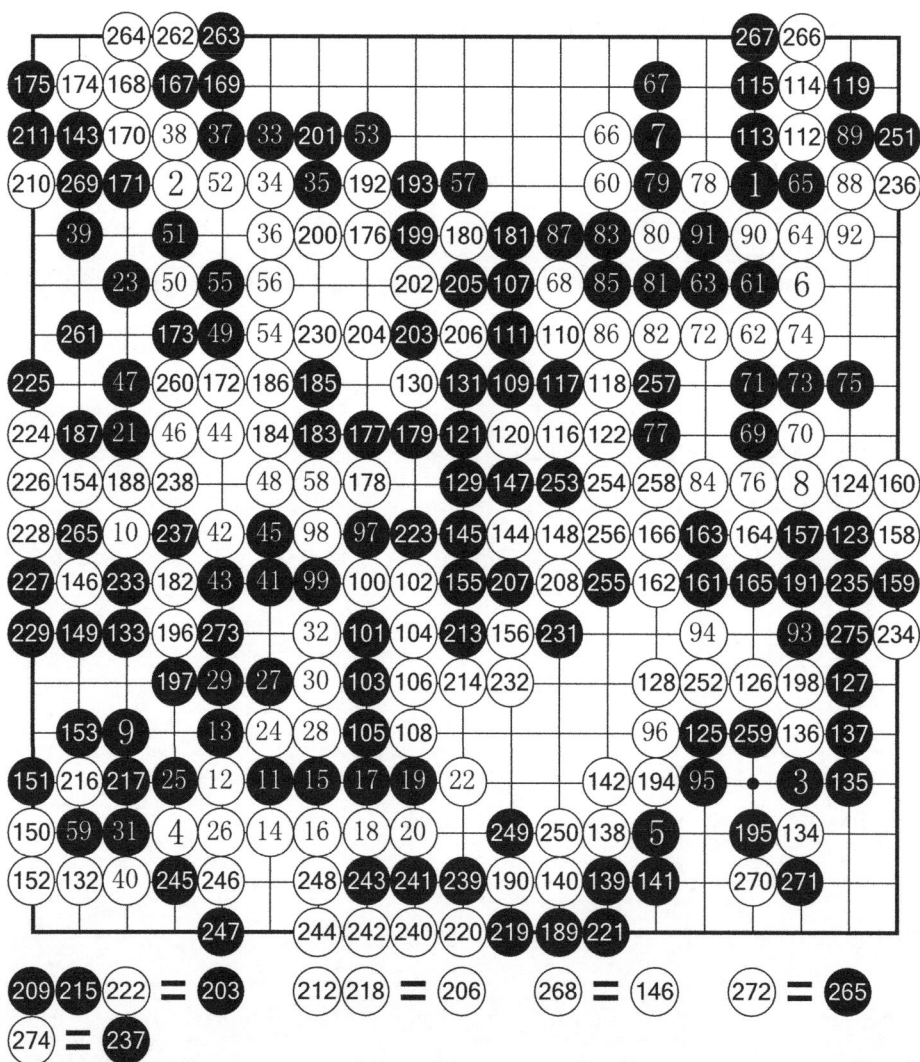

209 215 222 = 203　212 218 = 206　268 = 146　272 = 265

274 = 237

AlphaGo 网络世界大师对局第 9 局

    黑 27 先打后再 29 粘，人类是不会下这样逻辑上有疑问的着法的，因为直接导致了四子被吃干净。

    黑 31 不在 32 位扳，少见。对局时很容易让人产生错觉，以为对手是业余棋手。

    黑 39 是形的要点。

黑方：孟泰龄　六段

白方：Master

地点：Tygem 围棋网

贴目：6.5 目

手数：148

结果：白中盘胜

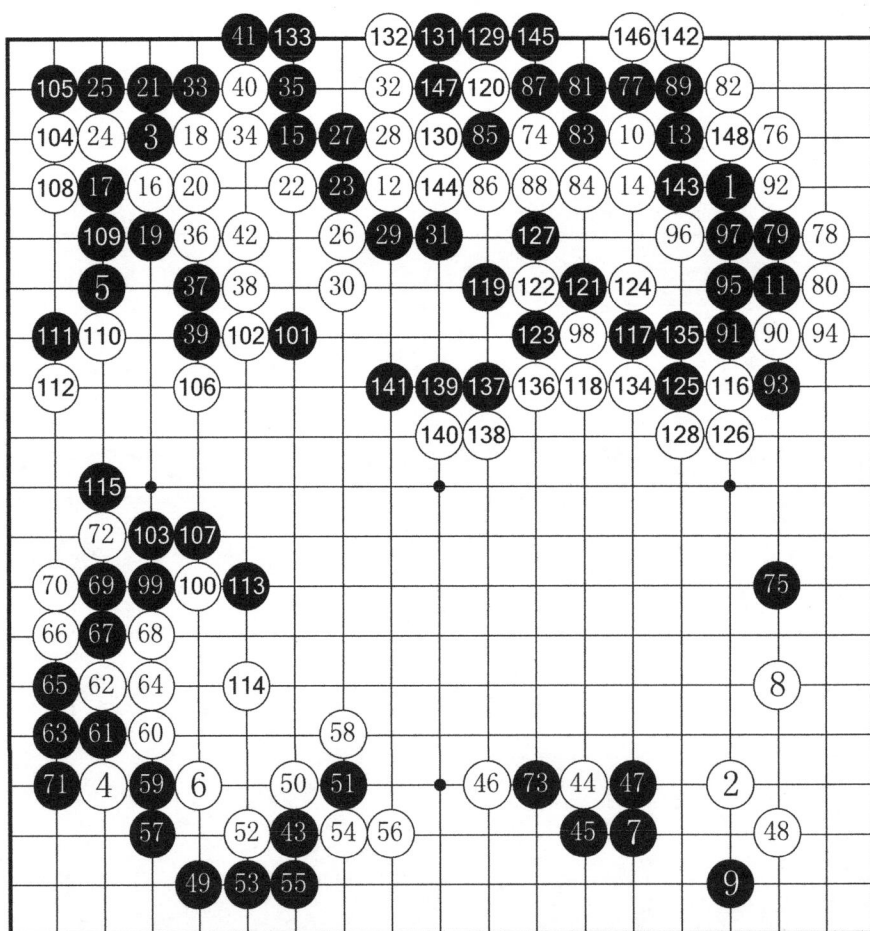

白 12 拆，少见的下法。

黑 13、黑 15 是常见的想要高效率的守空。

白 16 定型的下法是人类没有的，很有效果。

白 22 是预定的方针，到 28 挡住，间隔不错。直接盖住了黑棋，与右边的白棋配合良好，效率比较高，现在大家也开始学习使用这样的方法。

白 40 先冲以后，白 42 回接，先做活自己，重要。

黑 43，如果在类似情况下，李昌镐会下在远一路的 54 位。

白 44、白 46 同黑交换后，回到 48 位小尖，实利很大。

黑方：陈　浩　五段

白方：Master

地点：Tygem 围棋网

贴目：6.5 目

手数：170

结果：白中盘胜

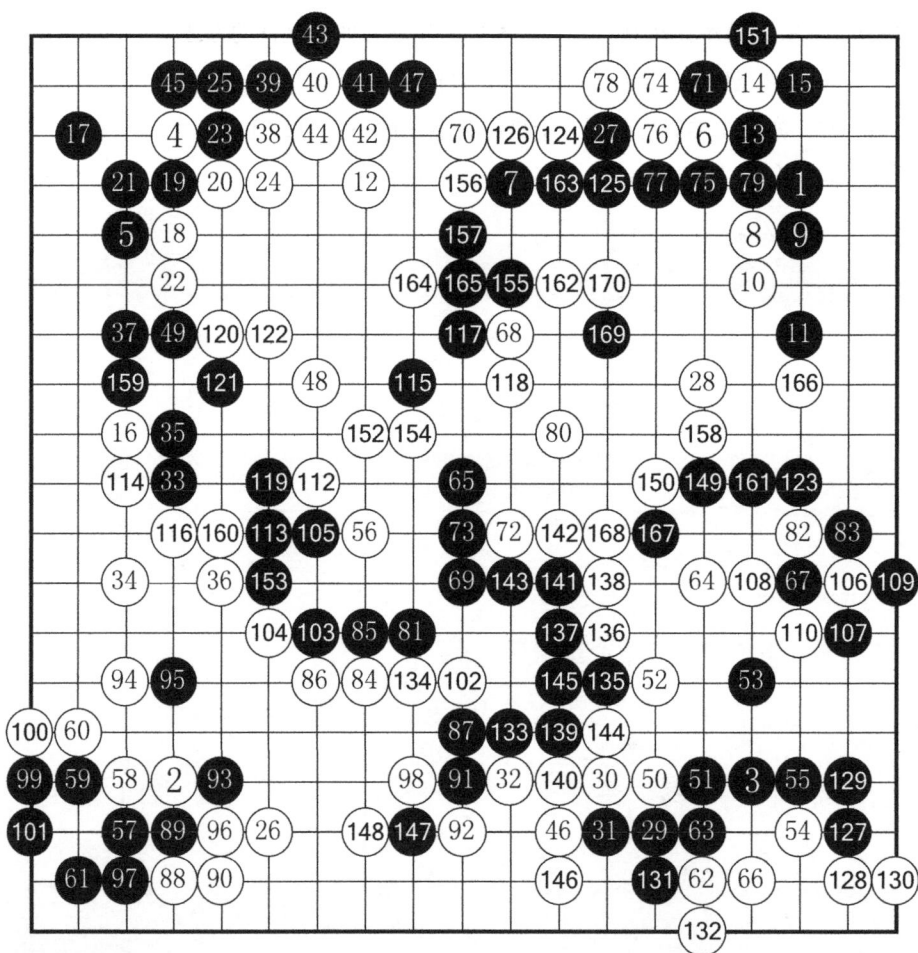

111 = 106

58

AlphaGo 网络世界大师对局第 11 局

　　黑 7 的三间高夹现在有些少见了，因为白 8 飞压后白 12 高效率的反夹成为有力的应对。

　　白 16 再夹顺风顺水，黑 17 进角是从前对付喜欢实地棋手的下法。

　　白 30、白 32 为 AlphaGo 的常用手法，和左下角的星小飞配合很好。

　　黑 35 尖冲好点，无论白从三路爬还是四路贴，黑长都能顺势消减白模样。这时白出了引人注目的 34 好手，不按常理出牌，对黑尖冲一子若即若离，初看有点不解其意，待到白 36 跳、白 46 下边虎之后，观者才明白，这是保持左下一带势力的良策。

　　白 48 重视中央，白 50 以下在右下角定型，再回头 56 中央补，最后 68 气势磅礴地合围，我们常常说行棋的步调如"行云流水"，那么这就是了。AlphaGo 并不只是喜欢实地，中央的、大势的处理照样出色，这盘棋简直就是一幅长长的美妙画卷。

黑方：柳秀沆　五段

白方：Master

地点：Tygem 围棋网

贴目：6.5 目

手数：144

结果：白中盘胜

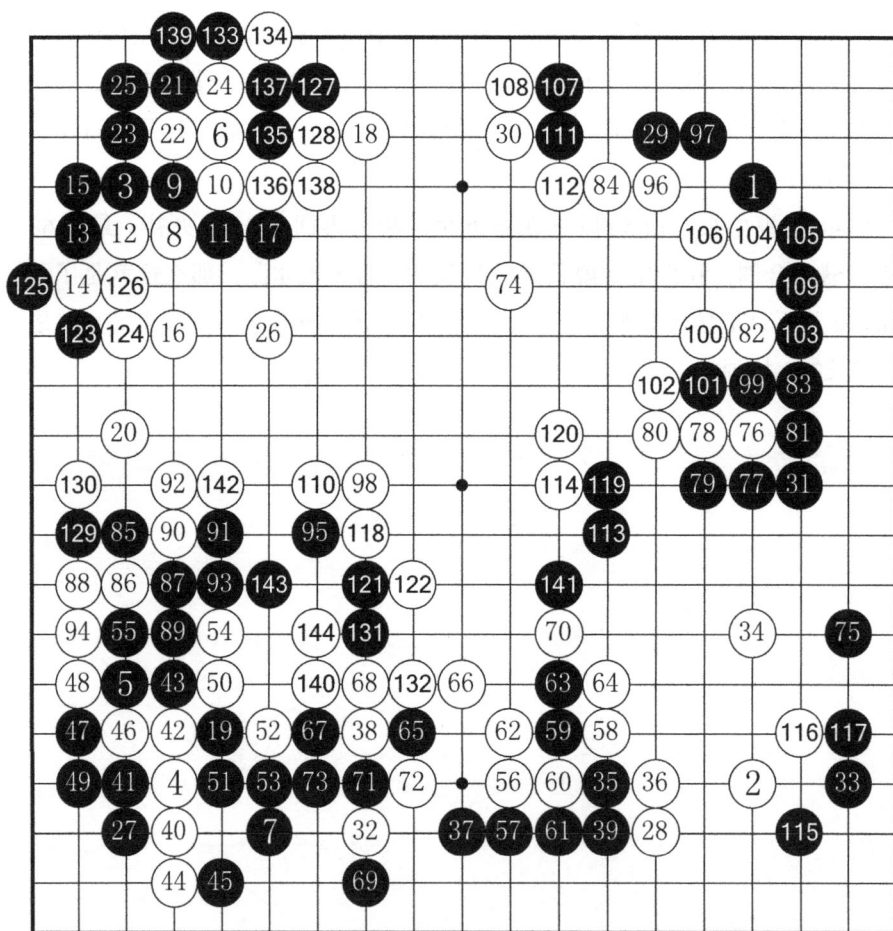

白棋本局在黑 7 双飞燕时，8 位脱先飞压。

黑棋 9 位冲断强硬，争得先手后，19 位飞住有力。

AlphaGo 首先不惧怕双飞燕，但是被黑 19 飞住不爽，所以后面的改进版是先在 43 位压（与常昊）或从 53 位压出（与唐韦星）。

白 30 够从容。

白 34 好坏不明，是人类没有下过的一手。

白 38、白 40 以下处理得很漂亮，白 56 开始强攻奏效。

黑方：王昊洋　六段

白方：Master

地点：Tygem 围棋网

贴目：6.5 目

手数：136

结果：白中盘胜

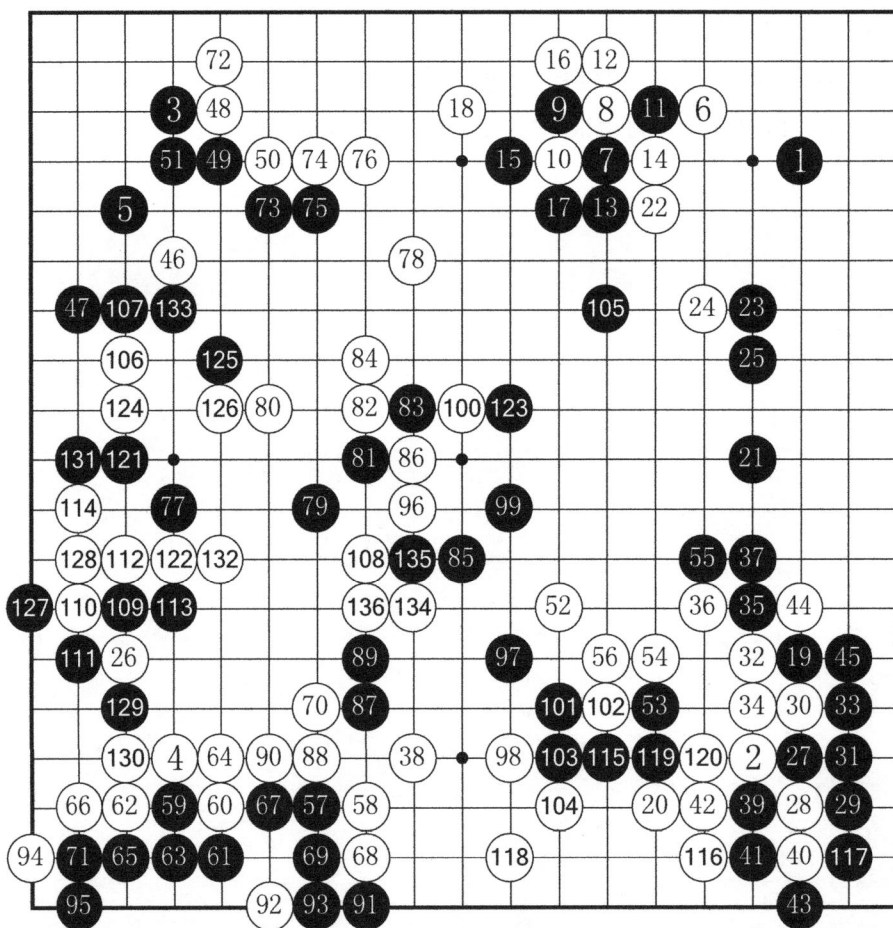

AlphaGo 网络世界大师对局第 13 局

白 18 立刻飞出，重视上边。

白 22 贴出必然，白 24 靠一下，先手防止了黑 22 下一路的扳头，效率高。

白 46 尖冲，然后 48 靠，50 扳，是典型的吴清源老师的手法。当年吴老师因病引退后，仍然每天在盘上演习围棋，他老人家的研究成果，由王立诚九段、芮乃伟九段等学习后在正式比赛中运用，获得很大成效。吴老师提出的很多布局构思和定型手法，有些立刻被大家接受，有些则是在实践中慢慢为职业界采用，甚至流行起来。

AlphaGo 横空出世后，我们在它的棋谱中看到很多吴老师的思想，真是既感动又开心。有一次和林海峰老师讨论到这个的时候，林老师说："看来我们对吴老师的思路，理解得还是不够啊……"

白 52，围空的好点。

白 72 注重实地，至 76，上边所得非常可观。之所以这样定型，是因为白下边厚，所以不怕左上黑棋走厚，另外有了黑 47 的飞，白再去左边拆就有点无趣了。

白 78 飞出要点，白 80 吊入黑阵，选点刁钻。

很有意思的一盘棋。

黑方：Master

白方：严在明　三段

地点：Tygem 围棋网

贴目：6.5 目

手数：129

结果：黑中盘胜

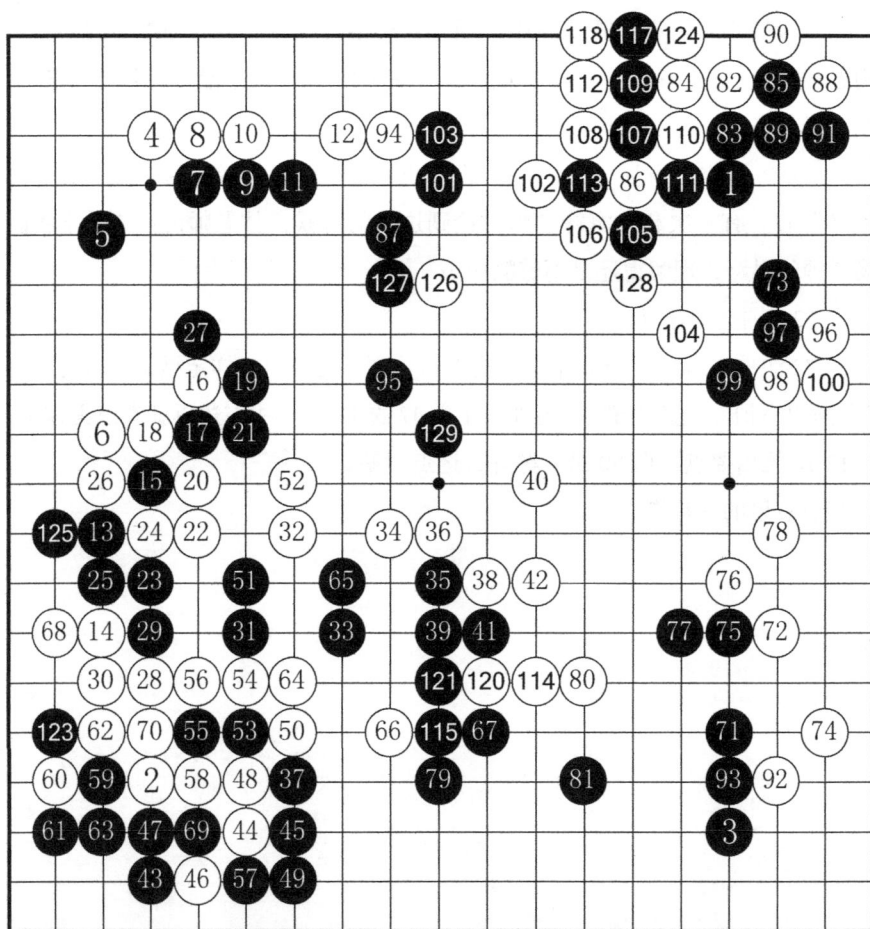

⑪⑯⑫⑫ = ⑧⑥　　　🔴⑪⑨ = 🔴⑪⑬

AlphaGo 网络世界大师对局第 14 局

对白 6 的三间夹，AlphaGo 通常都是在 7 位飞压，然后 13 打入。白 14 于 17 位单关普通。

黑 15 尖，作战主动。

白 28 疑问手，68 位立较好，黑 29，白 62，黑 31 跳出，以下同实战进程，如此多一个 125 渡过的后门，白明显优于实战。

黑 35 飞先交换一下，转到 37，想法柔软，速度快，好！这是 AlphaGo 的特点，追求效率第一。

黑 43 漏在下面，好棋。白 46 过分，在 47 位顶是本手。黑 47、黑 49、黑 53 组合拳，一举击溃白棋。

黑方：朴廷桓　九段

白方：Master

地点：Tygem 围棋网

贴目：6.5 目

手数：150

结果：白时间胜

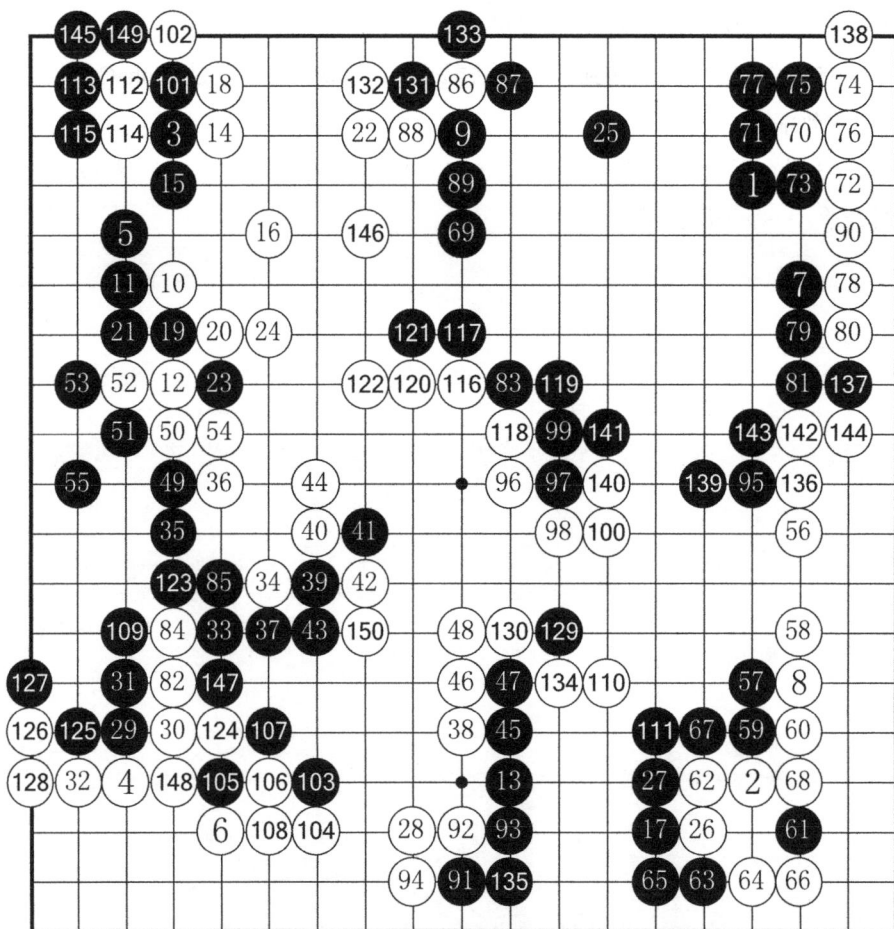

AlphaGo 网络世界大师对局第 15 局

　　白 10 直接尖冲无忧角，吴清源大师提倡的下法！芮乃伟九段、王立诚九段在实战中多次下出。职业界不敢模仿的下法。

　　白 14、白 16 又是吴老师对尖冲之后的定型手法。

　　白 18 下立大，白 22 灵活，完全是向吴老师致敬！

　　白 26 先尖顶之后，再于 28 位紧逼，效率比较高。

　　白 34、白 36 是出乎意料的好想法。

　　白 38 先飞，然后 48 撑住中央的形状。定型定得好啊！

　　白 56 拆出，一下子围了很大的空。

黑方：连 笑 七段

白方：Master

地点：Tygem 围棋网

贴目：6.5 目

手数：122

结果：白中盘胜

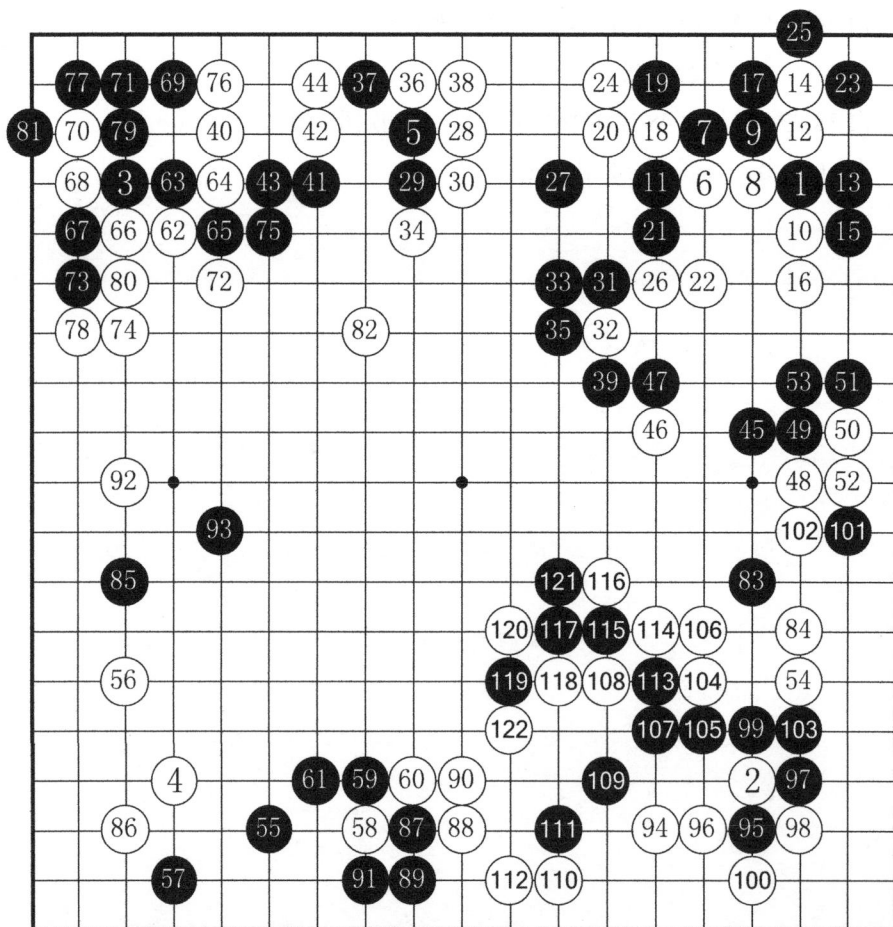

白 26、白 28 构思巧妙。

白 28 的判断好，黑棋如果在 30 位扳，白 28 右一路退，黑粘，白 36 扳，彻底地捞空占取实地。

白 46、白 48 同样是基丁很好的判断下出的漂亮弃子手法，白 54 时，局面已经有利。

黑方：连　笑　七段

白方：Master

地点：Tygem 围棋网

贴目：6.5 目

手数：164

结果：白中盘胜

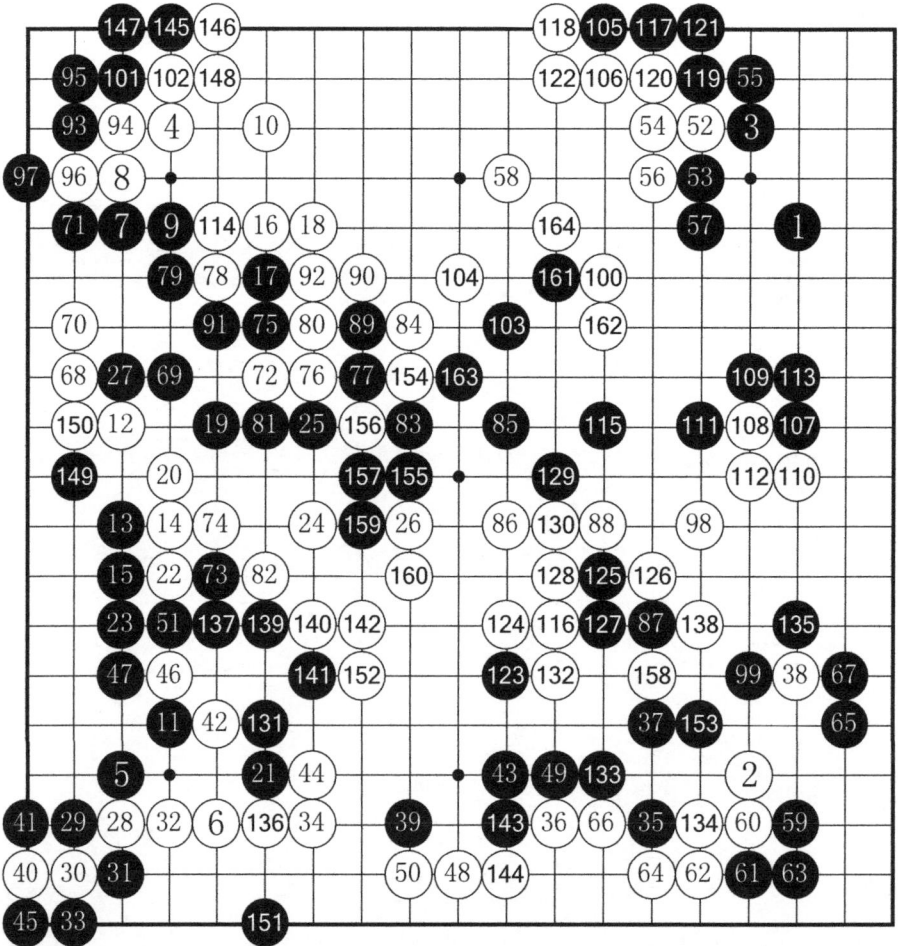

AlphaGo 网络世界大师对局第 17 局

　　黑棋先守无忧角，白棋的选择是对角。从另一角度说明大贴目时对角布局对黑棋是不利的。

　　白 8 尖顶，白 10 拆一，喜欢实地的下法。

　　因有 11 位的飞压，白棋又抢回了 12 位的大场。

　　白 16 方向好，准备在上面获取利益。

　　白 28 靠时机好，一连串教科书似的手筋之后再走到了 34 位。

　　上边白 52 位靠是吴老师的手法。

黑方：Master

白方：柯　洁　九段

地点：Tygem 围棋网

贴目：6.5 目

手数：228

结果：黑 5.5 目胜

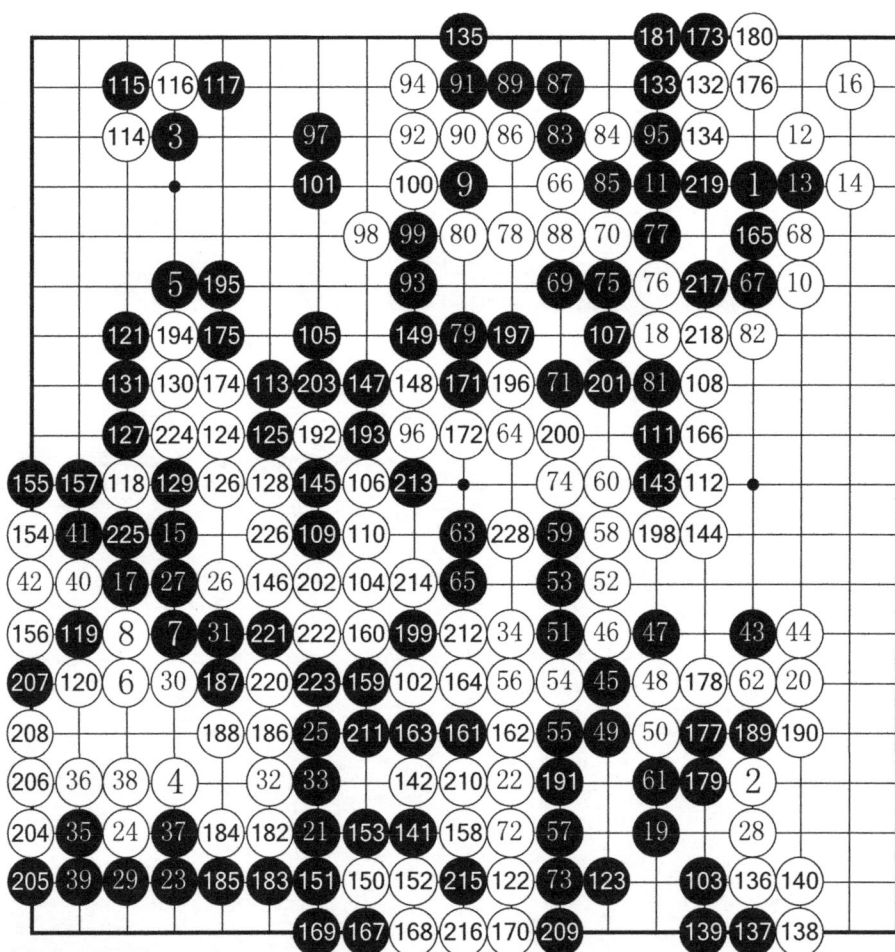

黑 7 的下法有意思，是吴老师提倡的，同白 8 交换之后，左上 5 位高拆二的守角防止了白 131 位的紧逼。黑 5 二间高拆守角之后，黑 7 尖冲，黑 15 跳回，效率高！

黑 15 脱先，这是与以前的理论有差别的，不再认为立刻扳下大。

白 18 是想限制黑棋上边的大模样。

黑 21 是现代棋的挂角方法，优于 182 位挂角。

黑 43、黑 45 的形状找得准。

白 44 爬缓了，应当于 47 位镇。

黑 45 刁钻，瞄到了白棋的弱点。

黑 49 冷静，一举确立了优势。

黑方：柯　洁　九段

白方：Master

地点：Tygem 围棋网

贴目：6.5 目

手数：128

结果：白中盘胜

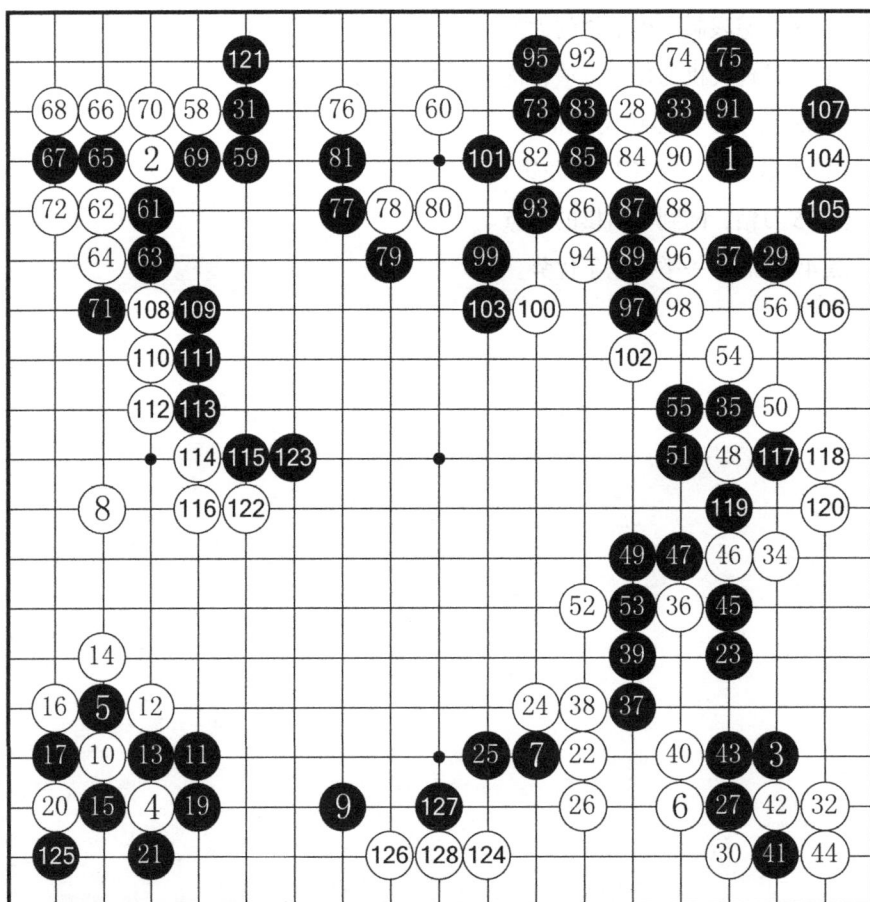

18 = 5

AlphaGo 网络世界大师对局第 19 局

一开局在左下的定型有意思，白 12 扳出灵活，获得先手后白 22 碰。这是考虑到黑左下形状坚实，因此撞厚黑棋毫不可惜。这一手在 20 世纪 50 年代的日本棋谱里多有出现，可见好棋、好的思路是会流传下来的。

黑 27 尖顶，角上的空很大，黑棋可以满意。

黑 31 是出于不甘示弱的实战心理吧？我觉得还是 41 挡住较好。被 32 飞，实空和眼位双重损失。

而且紧接着白 34 逼要点，黑要处理好这块棋不太容易。

黑 35 似乎应在 47 位飞镇，待白 50 拆二后，赶快抢右上 84 位虎的好点。实战只能 37、39 从夹缝里往外跑，黑苦战。

白 50 很想在 51 位长继续攻击黑棋，但是 AlphaGo 以实地优先，放弃攻击，迅速安定自己后，转向上方。

这一带可选择的下法很多，白 58 单走 60 位三间夹是一般的分寸，那样黑三三进角也可以满意。AlphaGo 先尖顶后再 60 位分投，下法非常紧凑，像是在宣布"我的实地是我的，你的形势我要消掉"。看上去有点俗，但效率奇高。当年吴清源老师就有很多类似的布局定型。

实战黑棋对此居然没有什么好的办法，至 76，白捞取了左手大片实地，拆一的两个子富有弹性不容易受攻，关键是白 28 一子还有种种利用。之后一场大战，形成转换，全局白优势历然。

这盘棋值得反复品味。

黑方：Master

白方：朴廷桓　九段

地点：Tygem 围棋网

贴目：6.5 目

手数：255

结果：黑 5.5 目胜

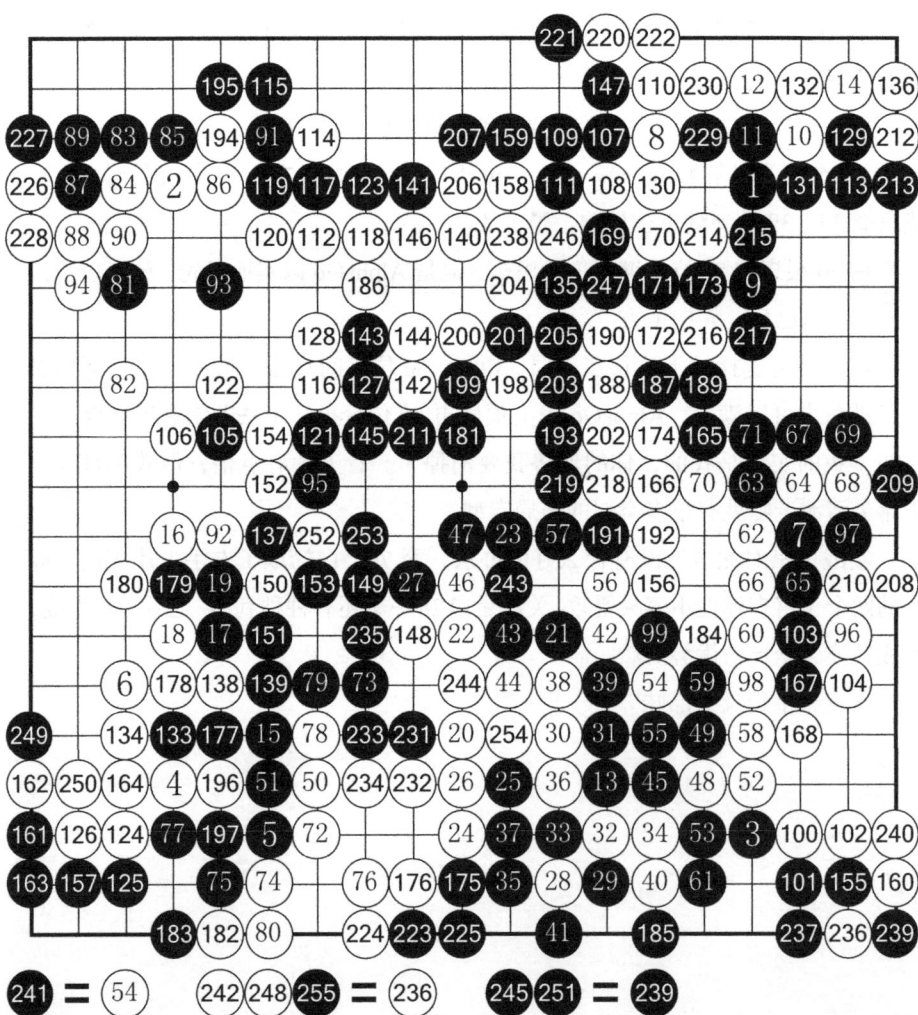

241 = 54　　242 248 255 = 236　　245 251 = 239

AlphaGo 网络世界大师对局第 20 局

黑 13 直接扩张中国流，然后黑 15 跳。局后看，白 14 有点缓了，这是 AlphaGo 给出的新型。

黑 19 扩张之后，黑 21 从这个大的方向攻击。AlphaGo 展示了对模样的控制力。

黑 27 直接封住白棋，白难办。

白 30 后，白 32 是手筋，同黑进入混战。

黑 45 算路准确，刚好封住白棋。

黑方：陈耀烨　九段

白方：Master

地点：Tygem 围棋网

贴目：6.5 目

手数：270

结果：白 5.5 目胜

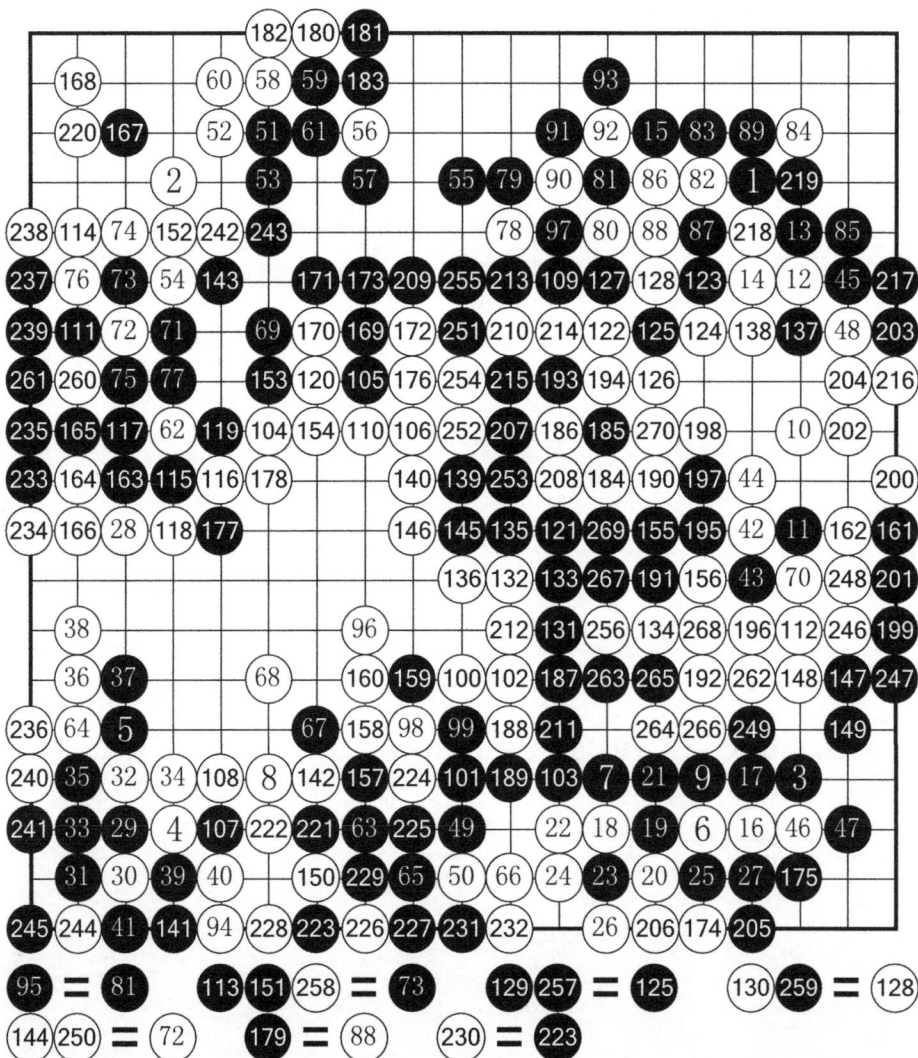

95 = 81　　113 151 258 = 73　　129 257 = 125　　130 259 = 128

144 250 = 72　　179 = 88　　230 = 223

黑 7 夹时，白 8 不选择冒然跳出，当成先手交换便宜。

黑 9 盖住之后，白 10 先分投得先手交换之后，再回到白 16 的角上定型，直到白 28 的下法，这是 AlphaGo "抄袭" 了近十几年棋界的先进着法。从这一点说，咱们职业棋手该自豪一把吧。

白 50 居然就忍了？

黑 81 熬不过，出现了漏着，应该 86 呆长啊！

以下尽显 AlphaGo 局部抓错的能力，白 84 先点角后，白 86 挤，次序太好了。

话说比拼细功夫，陈耀烨九段在快棋里坚持到这个份上，赞！

黑方：陈耀烨　九段

白方：Master

地点：Tygem 围棋网

贴目：6.5 目

手数：277

结果：白中盘胜

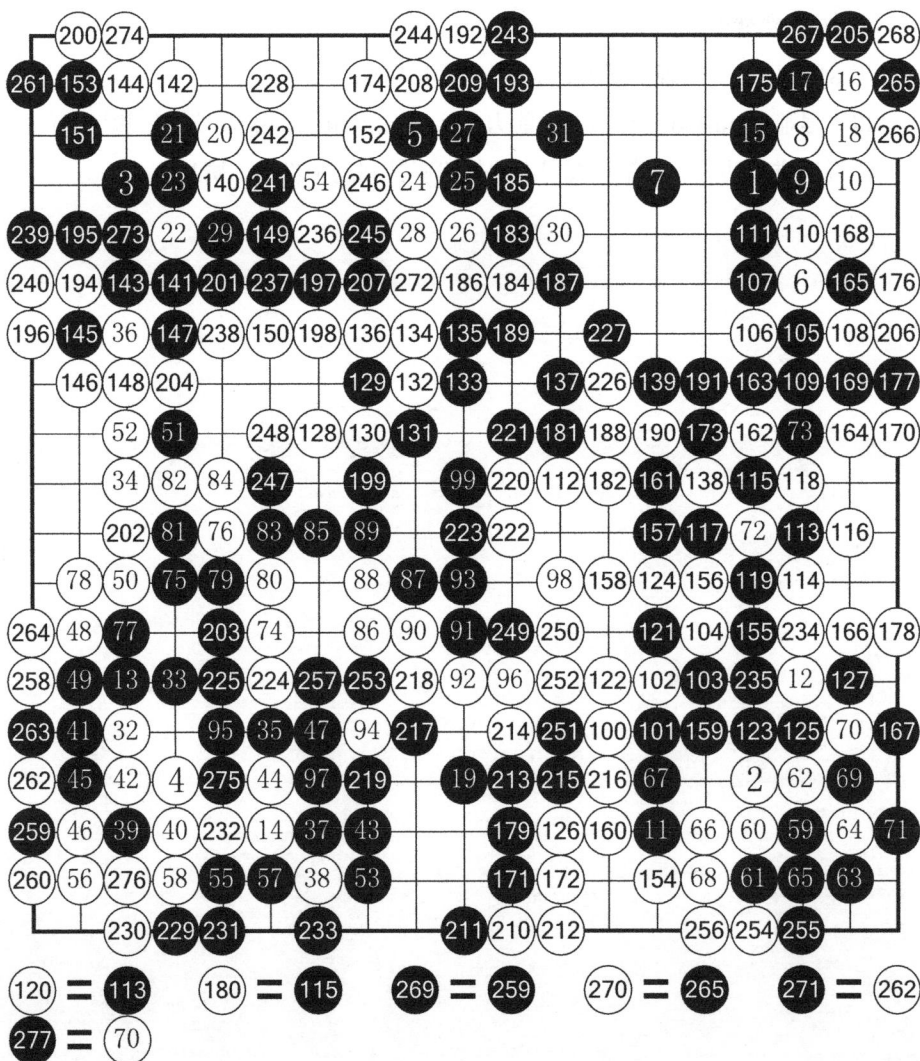

⑫⓪ = ⓫③　⑱⓪ = ⓫⑤　㊈㊈ = ㊈㊈　㉗⓪ = ㉖⑤　㉗① = ㉖②

㉗⑦ = ⑦⓪

AlphaGo 网络世界大师对局第 22 局

　　白 20 直接小飞挂入中国流，是 AlphaGo 的首创。过去人类完全没有这个思路，是因为被黑 21 尖顶后很容易形成一块孤棋，不好处理。然而 AlphaGo 并不是要跑 20 这一子，而是 22 飞后，24 靠寻求腾挪。在右上白已经点掉角的情况下，白 24 至 30 压缩了黑空，应该说是满意的。

　　白 24，AlphaGo 打开了人类棋手的思路。这也提醒了我，今后尽可能鼓励孩子们大胆地下自己喜欢的棋，寻找适合自己的构想。

　　与这盘棋相对应的是 AlphaGo 和朴廷桓九段的对局。

黑方：Master

白方：金庭贤　六段

地点：Tygem 围棋网

贴目：6.5 目

手数：135

结果：黑中盘胜

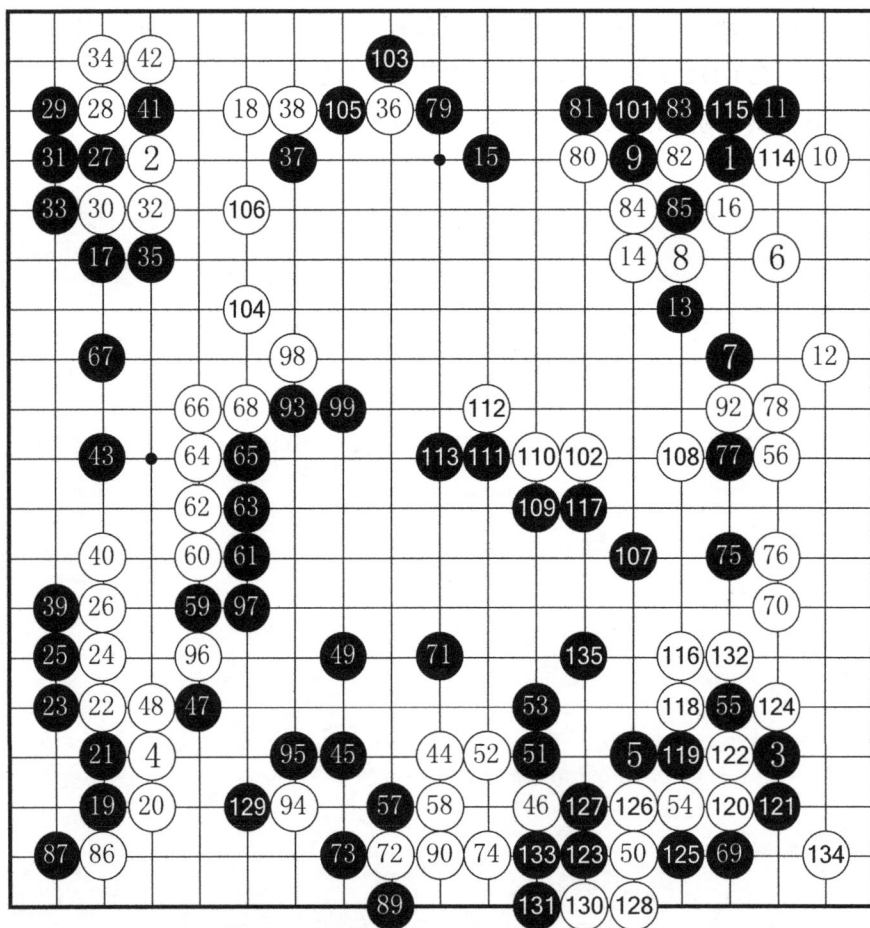

88 100 = 82　　91 = 85

AlphaGo 网络世界大师对局第 23 局

黑 17 挂后,黑 19 立刻点三三,是新的下法,完全颠覆了人类对围棋的认识。此形黑 27 不立刻于 20 下一路扳粘是要领,如果交换的话会使白外势变厚。

看来人类要重新审视这一手棋了。也许在漫长的围棋之路上,我们在进步的同时,也积累了许多固有的观念,如今在 AlphaGo 的启迪下,是时候打破各种条条框框了。当然,也不是任何时候都可以空角点三三的。何时点,点后怎么处理,对方的厚势究竟能发挥几何,这些都要考虑。不管怎样,AlphaGo 的出现,使我们热爱的围棋变得更有意思了。

黑 35 贴时,白 36 不大,在 67 右一路拆逼较好,不让黑棋轻易获得安定;或者脱先于下边 44 位拆,由于还没有 43 位的拆三逼,黑再 45 打入就有点勉强了。

黑 39 爬后 43 拆逼,次序好。如果单走 43,今后白 20 下一路立时,黑再 39 爬就是后手了。

白 44 拆比较激进,缩一路或者拆在 57 位更安全。实战被黑棋分成两段,战斗爆发。

白 56 是落后的原因。右上白棋相当厚,所以黑棋右边的空不容易围大的,不需要这时候花一手。白棋应该 45 下一路托,先安顿下边,同时声援左边白棋。实战黑 57 先手尖一下,接着黑 69 后 71 成为先手,白实空损失很大,而且左边的白棋受攻时也无处借劲了。黑 59 开始攻击,白棋苦战。

黑方：Master

白方：朴廷桓　九段

地点：Tygem 围棋网

贴目：6.5 目

手数：223

结果：黑中盘胜

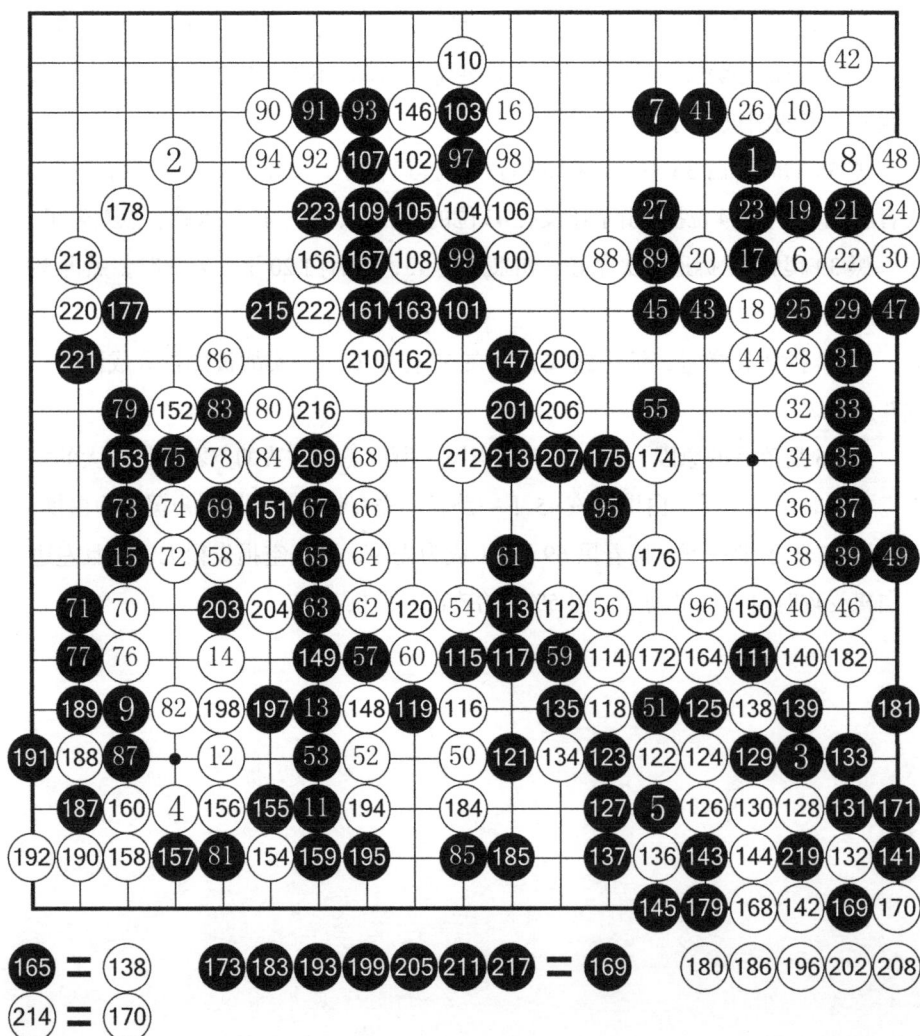

165 = 138　173 183 193 199 205 211 217 = 169　180 186 196 202 208

214 = 170

AlphaGo 网络世界大师对局第 24 局

白 10 后，黑棋通常的下法是拆二。实战脱先，白 16 逼住，过去认为是黑难受。黑 17、黑 19 拼着被打成愚形，然后黑 29、黑 31 二路爬出，颠覆了以前人类的认知。

人类碰到不能肯定的棋形，会从形状子效来分析。AlphaGo 的厉害之处是在全局的判断上。

黑 49 看似委屈地做活，但是从全局看居然是黑棋优势。

右上延伸至右边的大形变化，黑棋很厚，而白一长串子还有可能受攻；黑右下的大飞角比白上边星位加 16 位的拆要好（16 一子太接近黑棋厚势了）；左下黑多一子，现在轮白下，这个局部相当。

全局就在爬二路的过程中优势了。回头看，白 20 是不是只能在 21 位挡呢？另外白 22 似乎可以考虑先 26 位爬一下，试黑棋应手，黑若 23 接，白 7 位下一路靠出。

黑 51 堂堂正正地跳起，好点，这里若被白占到，右边的白长串和下边白子就呼应上了。

黑 57 至 61 漂亮，强烈出击的架势。但是没多久就改成地躺拳，黑 81、黑 85 做活兼捞空了。这是 AlphaGo 不容易让人理解的地方。也许在它的选择中，无所谓攻击和防守，有效率有收获才是最重要的。

黑 91 打入的方式奇特，通过碰撞白子寻求借劲，高级战术。白 92 扳后，白 94 若压，黑即 2 路扳，白退，黑 146 长做活，这样很实惠。实战白选择 94 位接，黑 97、黑 99 攻击白 16 一子，右边黑势可以发挥作用了，黑作战成功。

黑方：朴廷桓　九段

白方：Master

地点：Tygem 围棋网

贴目：6.5 目

手数：261

结果：白 0.5 目胜

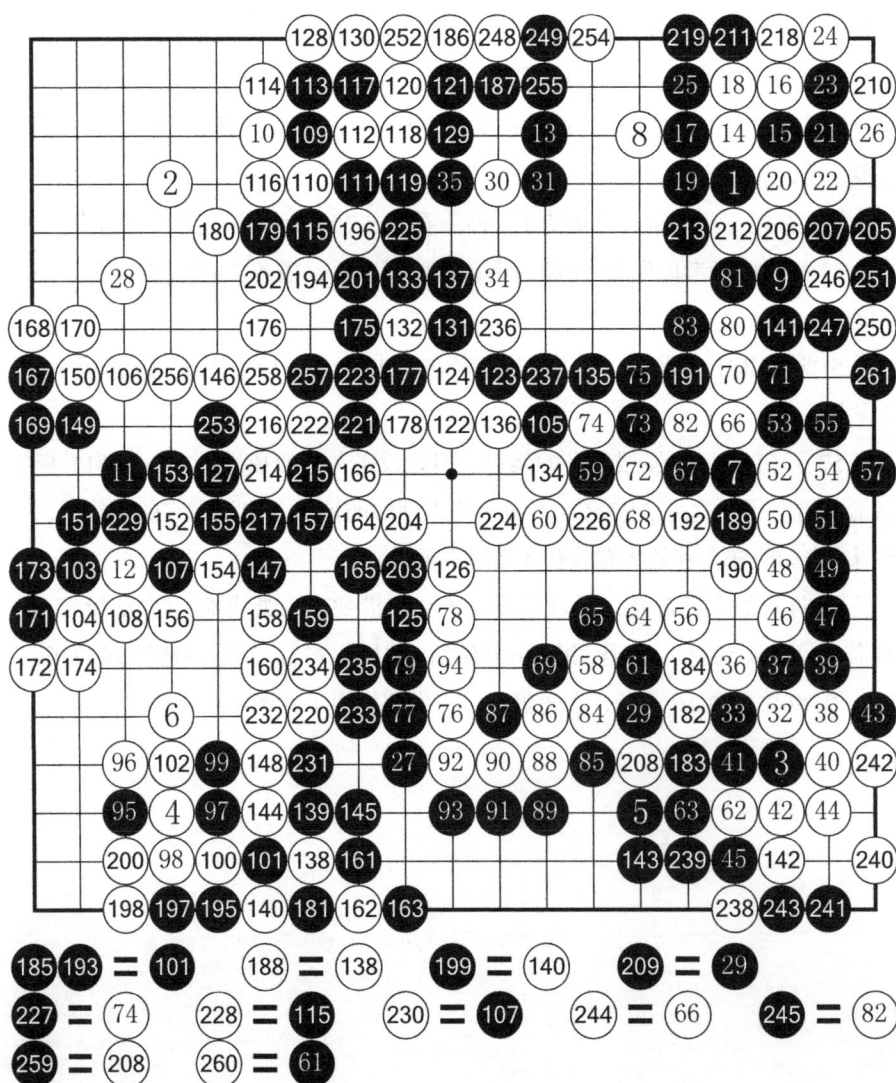

185 193 = 101　　188 = 138　　199 = 140　　209 = 29

227 = 74　　228 = 115　　230 = 107　　244 = 66　　245 = 82

259 = 208　　260 = 61

AlphaGo 网络世界大师对局第 25 局

白 8 挂后，不立刻 18 位小飞进角，已经是 AlphaGo 的招牌。

黑 13 逼后，白 14 是立刻扳角，再 16 扳进去的，AlphaGo 认为这个定式到白 26 是能接受的。

下成 27、29，黑棋形端正，无不满，本局精彩。

白 30 尖，冲破模样是 AlphaGo 喜欢的手法。

黑 37 以下痛下杀手，朴九段算路准。到 57，黑丝毫不落下风。

黑方：Master

白方：尹灿熙　六段

地点：Tygem 围棋网

贴目：6.5 目

手数：217

结果：黑中盘胜

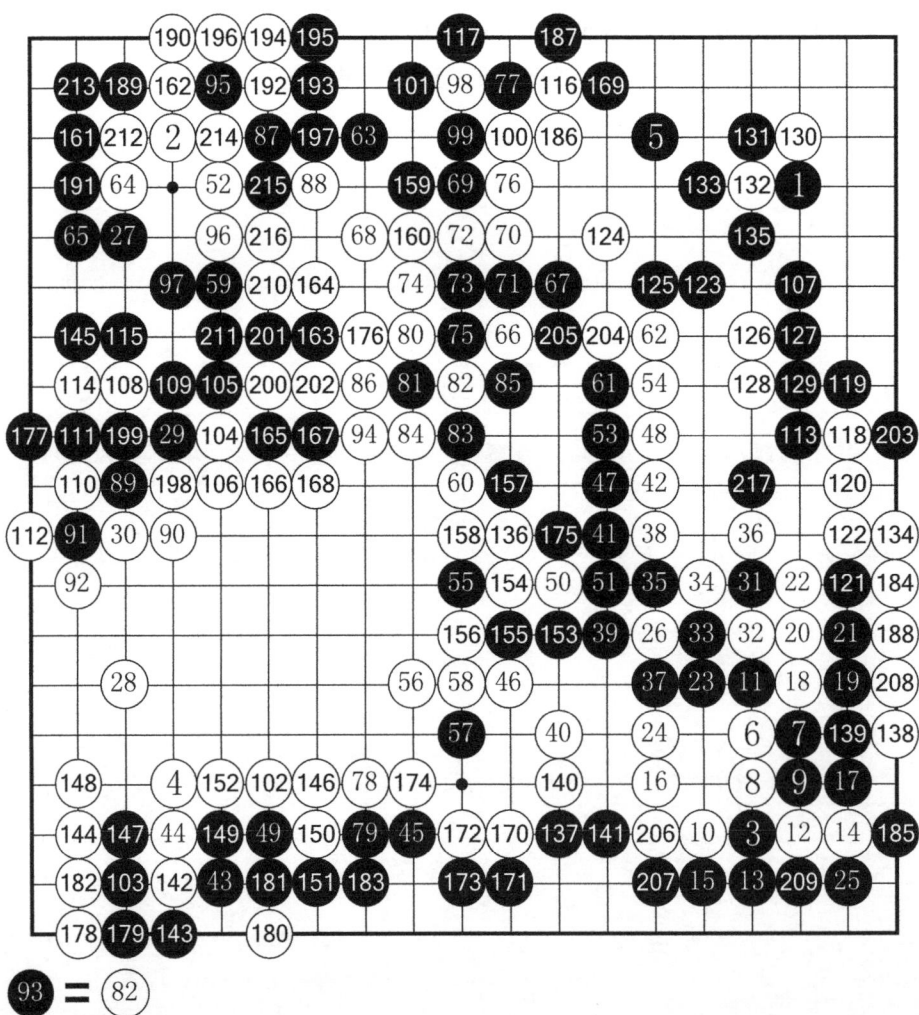

93 = 82

AlphaGo 网络世界大师对局第 26 局

黑 17 不打 206，从 17 位挡住是老招新用，体现了 AlphaGo 重视实地。

黑 27 后，29 手重视中央。

然后黑 31 一举动出，整个局面开始领先。

黑方：Master

白方：范廷钰　九段

地点：Tygem 围棋网

贴目：6.5 目

手数：215

结果：黑中盘胜

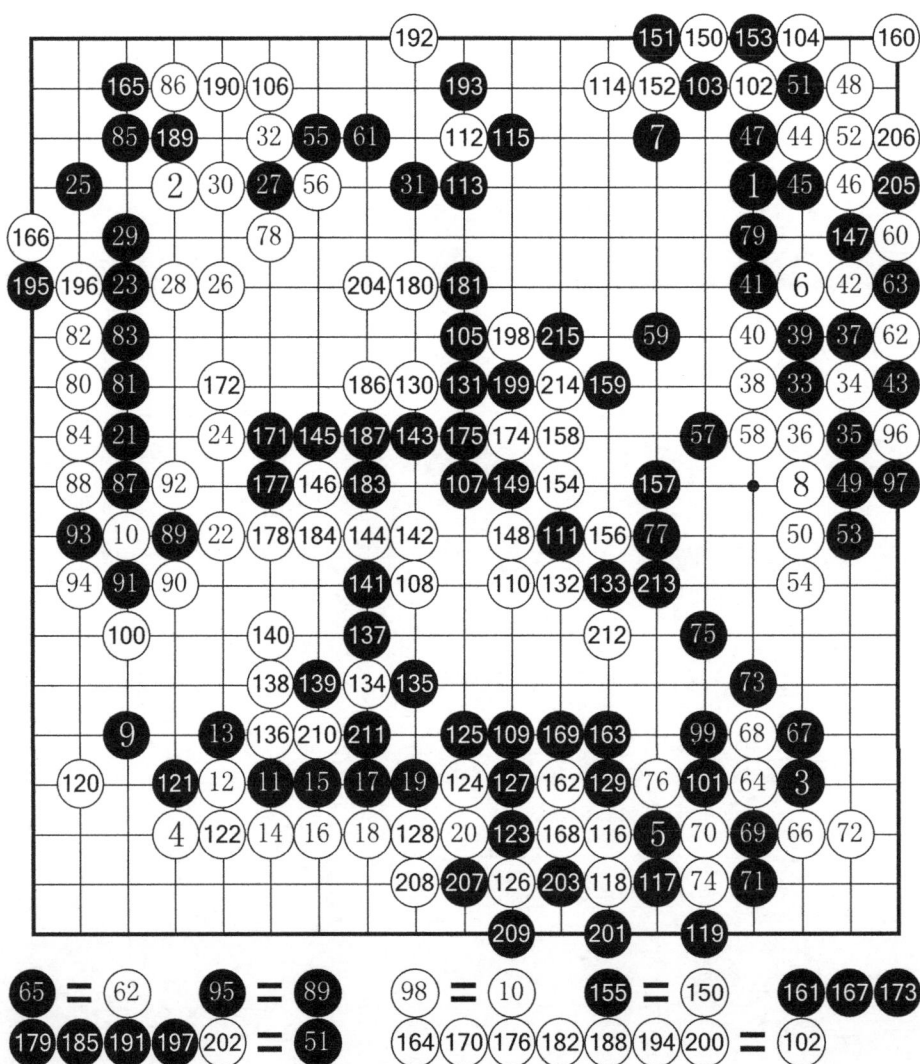

65 = 62　　95 = 89　　98 = 10　　155 = 150　　161 167 173

179 185 191 197 202 = 51　　164 170 176 182 188 194 200 = 102

黑 11 大斜之后是 AlphaGo 的特色布局。

黑 21 至 30 是 AlphaGo 的定式。

能争到黑 31,还是先手,改进版非常有力。

黑 33 再次走出大形定式。定式中 57、59 的手法值得好好学习。

黑 73 以下判断准确。

黑方：Master

白方：孟泰龄　六段

地点：Tygem 围棋网

贴目：6.5 目

手数：163

结果：黑中盘胜

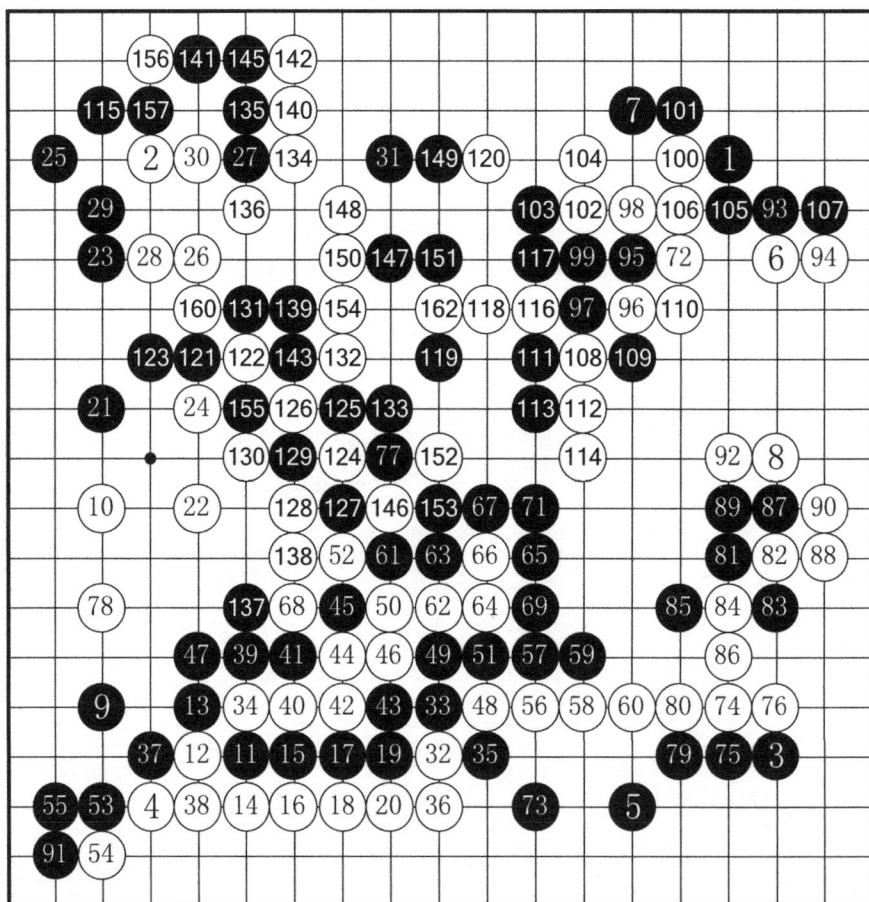

(70) = ● 45　　(144) = (124)　　(158) = (122)　　● 159 = ● 127　　● 161 = ● 155

● 163 = ● 129

AlphaGo 网络世界大师对局第 28 局

  本局孟泰龄在布局阶段白 32、白 34 断上去的时候，还认为是大获成功呢。
实际上，布局至 31，黑棋大局已经领先了。

  黑 33 以下正面作战，到 71 位粘上，白棋没有便宜。

  同 AlphaGo 下过的两局都类似。

  黑棋 81 的时机抓得好，先同白棋交换好。

  之后，白棋最多就是在 92 位贴了。

  黑 93 先尖顶再 95 围空，局部下得紧凑啊！

黑方：芈昱廷　九段

白方：Master

地点：Tygem 围棋网

贴目：6.5 目

手数：311

结果：白 0.5 目胜

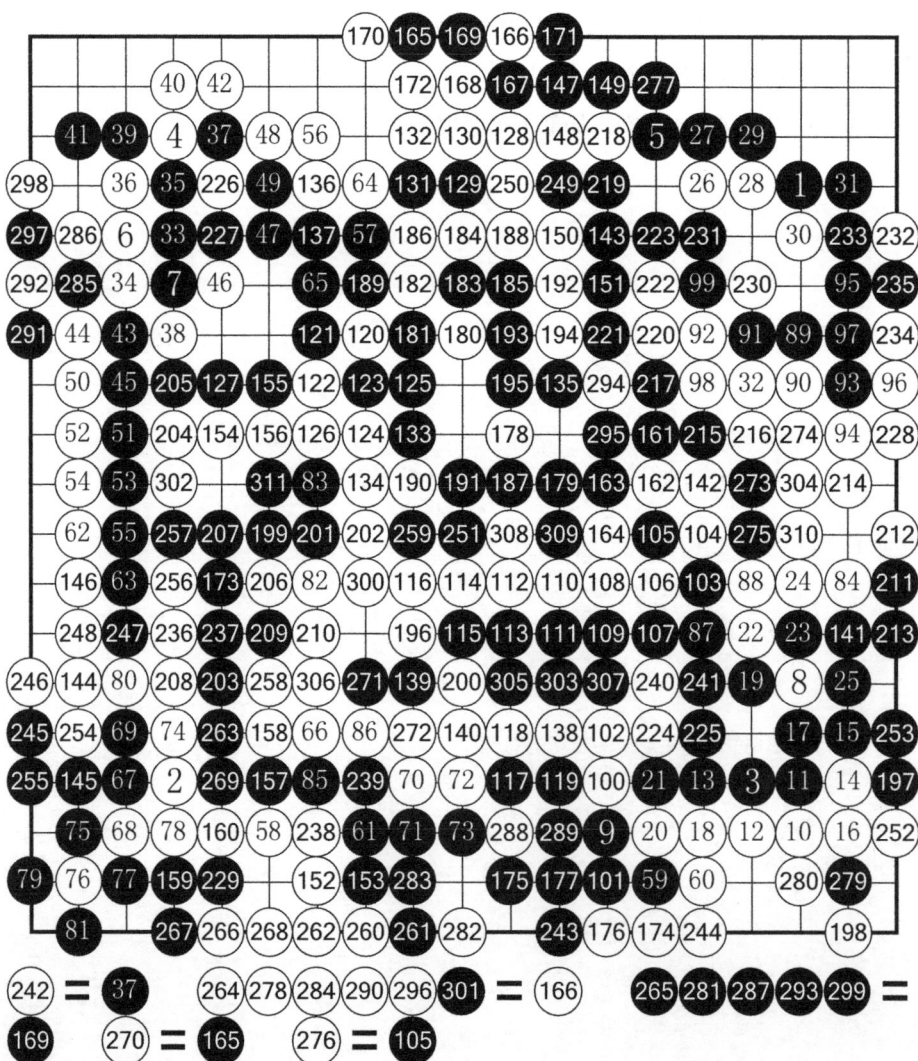

94

AlphaGo 网络世界大师对局第 29 局

　　白 22 立刻扳，24 打掉，毫不可惜的感觉，然后白 26 至白 30 以通常的俗手定型，最后 32 中间连片，前面的俗手顿时放光，白一举消掉了黑棋右边的阵势，而对这些虚虚的白子，黑一时也找不到好的攻击手段。AlphaGo 的构想真值得我们好好学习。

　　白 46 是新手，有意思。人类又要重新认识大雪崩了。这里白如果按照传统的外拐定式行棋，因右上有黑 5 的铁头，白无趣。

　　黑 55 失误，应该先在 56 位打，白 226 提，黑 227，白 56 上一路扳，黑 37 提，白接，做以上交换后，黑再回到 55 长，今后白于 56 右一路打起就是后手。如此黑全局不坏。实战白 56 先手长一下，再抢到左下的守角，白新手获得成功。

　　此局最后白仅半目胜，应该是后半盘 AlphaGo 在优势的情况下下得保守的缘故吧？ AlphaGo 的特点就是局面有优势时安全运转第一，所以常常会缩小差距。

黑方：唐韦星 九段

白方：Master

地点：Tygem 围棋网

贴目：6.5 目

手数：186

结果：白中盘胜

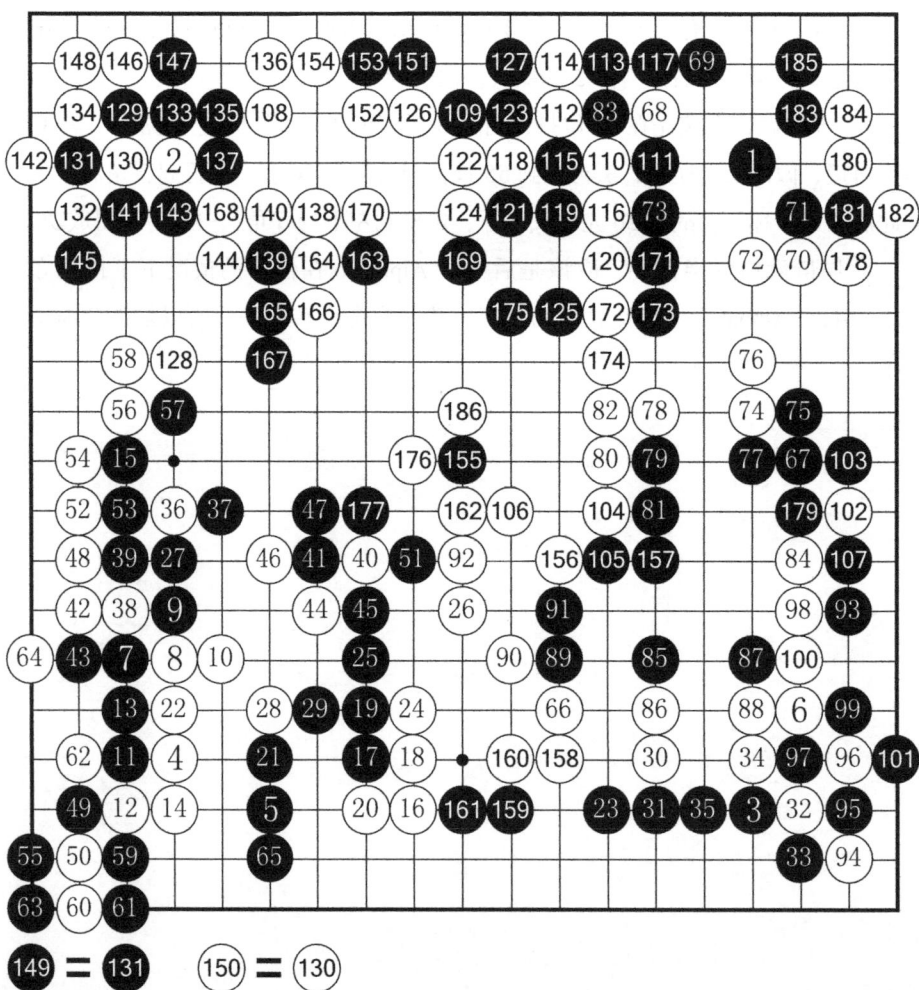

149 = 131　　150 = 130

AlphaGo 网络世界大师对局第 30 局

白 8 从另一个方向压，与常昊的对局不一样。

黑 15 应该在 21 右一路小尖作战，实战消极。

白 28 敏锐，找准了形状的要点。

白 36、白 38 让人想起当年的坂田老师。构思巧妙，一举获得优势。

黑 37 挡在 53 位太亏，白棋也是 38 位断。

实战黑 37 位外扳，白 38 断，黑棋横竖是要吃亏的。

白 48 位拐，算路的具体体现。黑棋如果 52 位挡，白棋会 51 位退的。

黑方：Master

白方：李钦诚　九段

地点：黑狐围棋网

贴目：6.5目

手数：179

结果：黑中盘胜

AlphaGo 直接从 9 位飞压，更多的时候是从 11 位大斜。

实战黑 17、黑 19 直线攻击非常严厉，被黑棋走成 33 顶之后，35 补还兼带着攻击白棋。

黑 39 再次断入，一层层紧凑地攻击着白棋。

黑方：古　力　九段

白方：Master

地点：野狐围棋网

贴目：6.5 目

手数：154

结果：白中盘胜

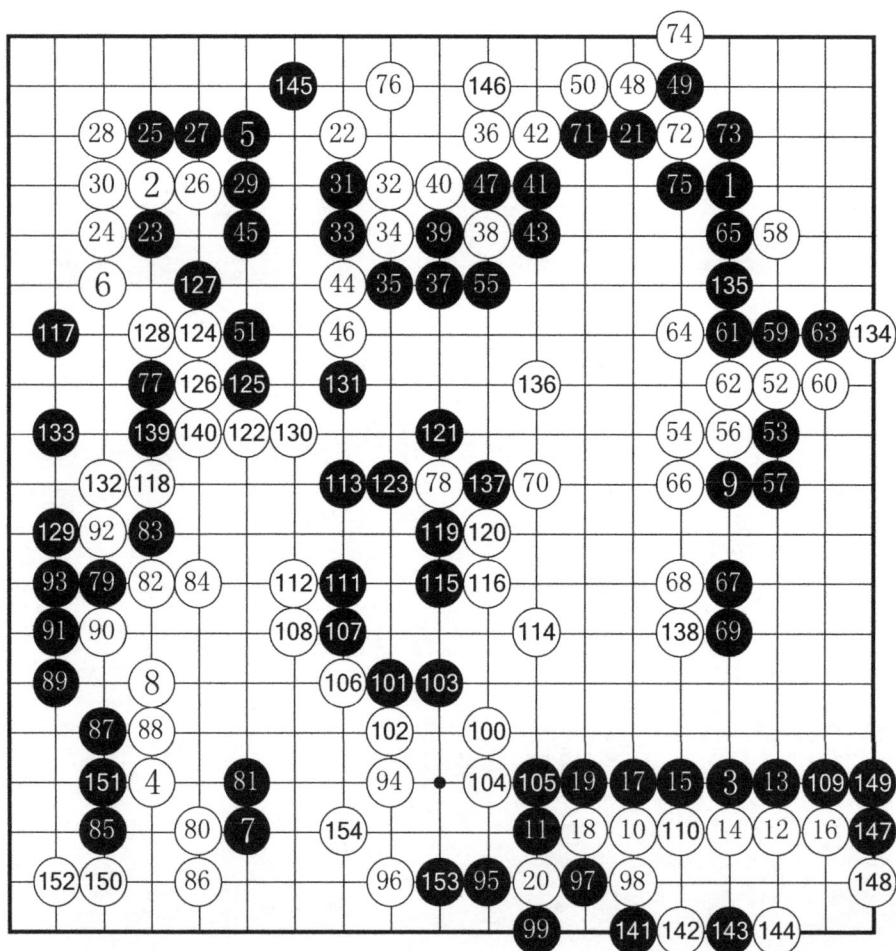

人邮体育

"人邮体育"是人民邮电出版社旗下品牌，立足于服务体育产业、传播科学知识，与国家体育总局体育科学研究所、美国国家运动医学学会、Human Kinetics等众多国内外领先的行业机构、出版机构建立了广泛的内容合作和市场合作。出版领域覆盖大众健身、青少年体育、专业体能、运动专项、武术格斗，以及益智、棋牌等其他休闲活动，致力于为广大运动爱好者及体育产业从业人员提供丰富多样的全媒体知识服务产品。

AlphaGo 网络世界大师对局第 32 局

　　白 16 之后，18 顶是新下法。当黑棋已经有 7 位挂角的交换之后，白棋的 18 顶想法灵活，效率高。

　　白 24 以下应对冷静，就这样忍耐至 36，黑棋方向并不好。白 42、白 48 做活简明。

　　白棋能够争到 52 打入，赞一声。白棋局面明朗化。

　　白 94、白 96 定型手法好。

黑方：Master

白方：古　力　九段

地点：野狐围棋网

贴目：6.5 目

手数：191

结果：黑中盘胜

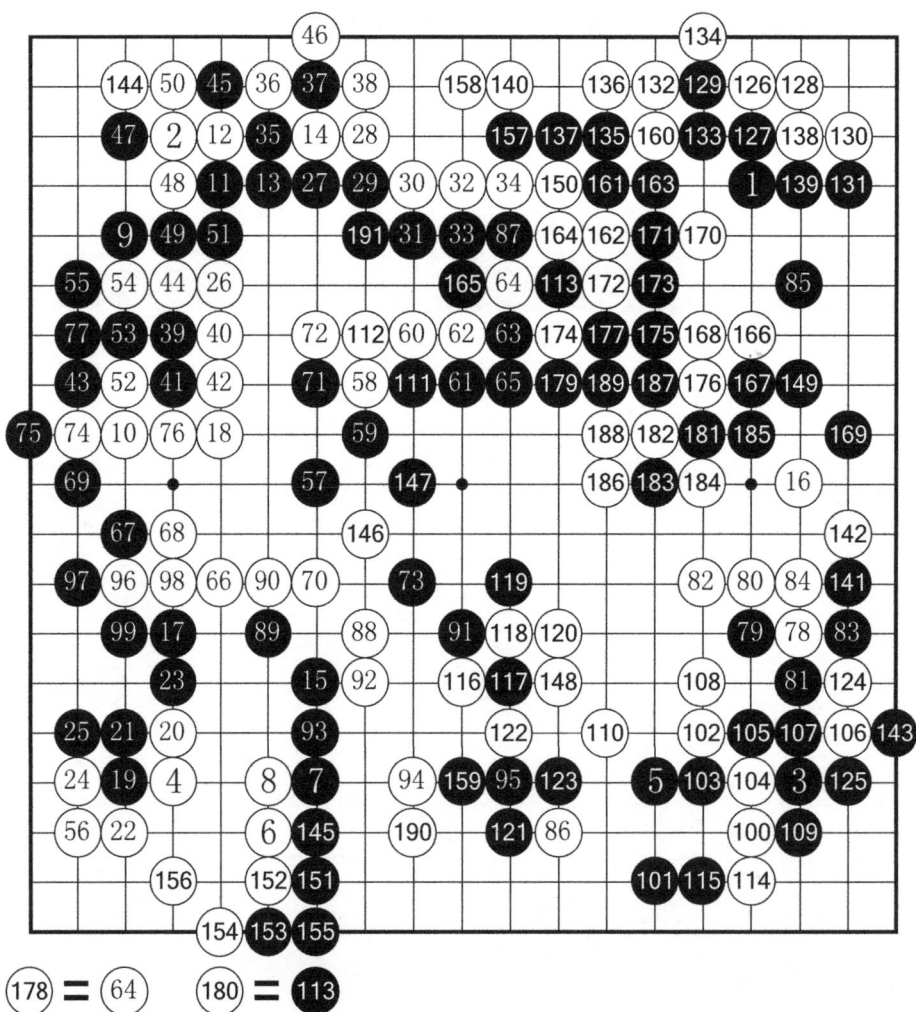

178 = 64　　180 = 113

黑 7 的尖冲，让人再次联想到了吴清源大师，他老人家提倡的下法，职业棋手不太敢下。

黑 15 是连贯性的下法。

黑 17 打入并且把白左下角封起来，像让子棋的下法，效率高。黑 19 以下定型熟练。

黑 57、黑 59 攻击时穴位找得准，通常这是难下的部分。

黑方：Master

白方：党毅飞　九段

地点：野狐围棋网

贴目：6.5 目

手数：149

结果：黑中盘胜

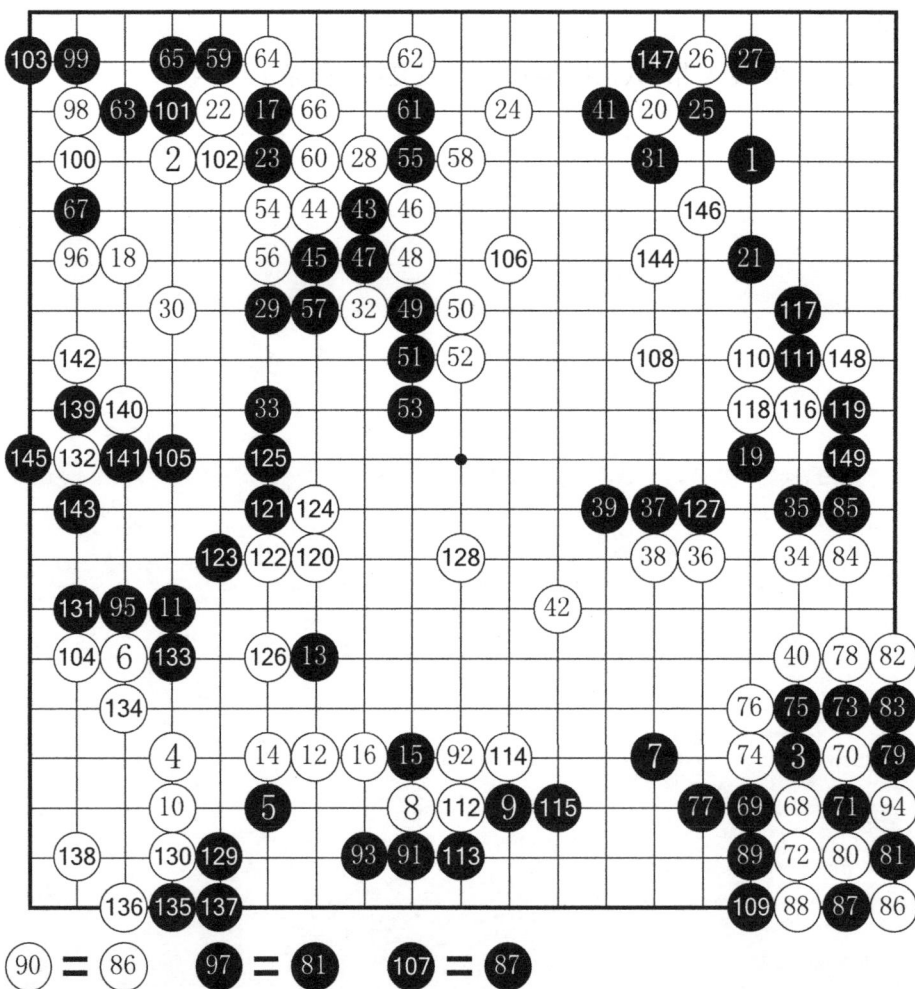

⑨⓪ = ⑧⑥　　●⑨⑦ = ●⑧①　　⑩⑦ = ●⑧⑦

黑 11 尖冲，13 镇，不是很懂。体现了黑棋的大局观。

黑 23 坚决地长出，因为有黑 11、黑 13 两子在外边接应。

黑 31 虎非常大，关系到自己扩张，还威胁了白棋上边。黑 41 是同样意思。

黑 43 主动求战。通常令人类困惑的是要不要从此地看似黑棋也不厚的地方杀出。

黑 59 扳的时候，白方很难应。黑 63 飞到角上，白空损失比较大。

白 90 托是手筋。

黑 107 提回很大，全局厚实，白棋不好找劫材。只好找 108、110 的劫材，黑棋扩大了领先地位。

黑方：江维杰　九段

白方：Master

地点：野狐围棋网

贴目：6.5 目

手数：280

结果：白 1.5 目胜

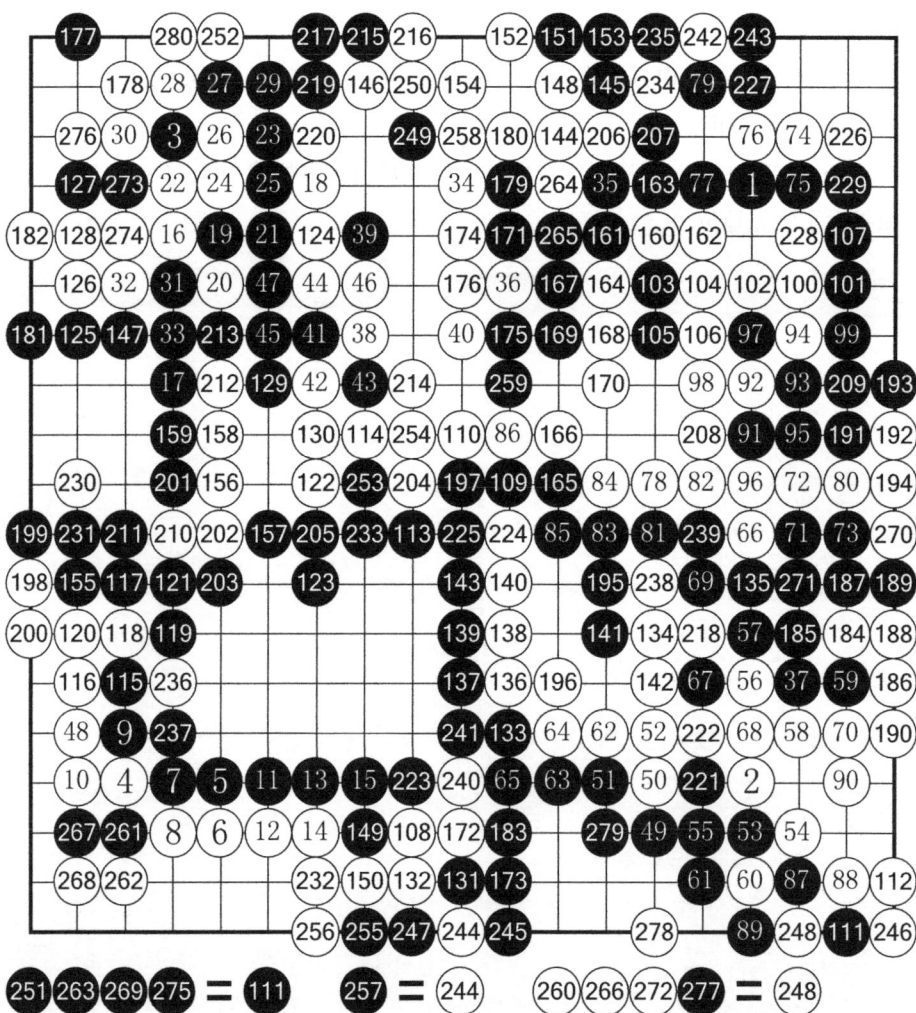

AlphaGo 网络世界大师对局第 35 局

左下白 10 立，是注重实地的下法，AlphaGo 对空非常敏感。

白 16、白 18 起开启一个大型定式之门，但中途变招，白 24、白 26 冲下是 AlphaGo 的首创（本来定式是 30 扳）。多少年来，人类棋手一直屏蔽了这个下法，因为按照一般的理解是黑棋外势太厚了。

而这盘棋，左下和右上都是黑棋势力，AlphaGo 仍然不惧让黑成就外势。白 34 投入，至 38，潇洒地摆出一个空中堡垒，在安定自己的同时，要求拉出 20 一子，迫使黑补一手。至 47 的定型，白成功地消去了黑厚势的威力，而自己棋形已不易受攻，还获得了宝贵的先手，白成功。

事实上，左上的新变化孰优孰劣还待研究，导致黑棋全盘被动的主要原因是黑 37 的脱先。此手应于 46 右一路大飞，直击白棋形的弱点，那样白数子不容易轻松获得安定，黑左下的厚势就可以发挥更大的作用。

当日稍后，AlphaGo 对金志锡一局又出现此形，不过全局配置不同。具体请参见第 41 局。

白 48 要点，非常实惠的一手。

白 56 的下法在老的定式中出现过，白 60、白 62 先扳再拐，次序井然。抢到 66 的夹击，白优势。

这盘棋，白棋一会儿取空，一会儿空中飞舞，相当自在。AlphaGo 对全局平衡的掌控非常出色。

黑方：Master

白方：辜梓豪　九段

地点：野狐围棋网

贴目：6.5 目

手数：209

结果：黑中盘胜

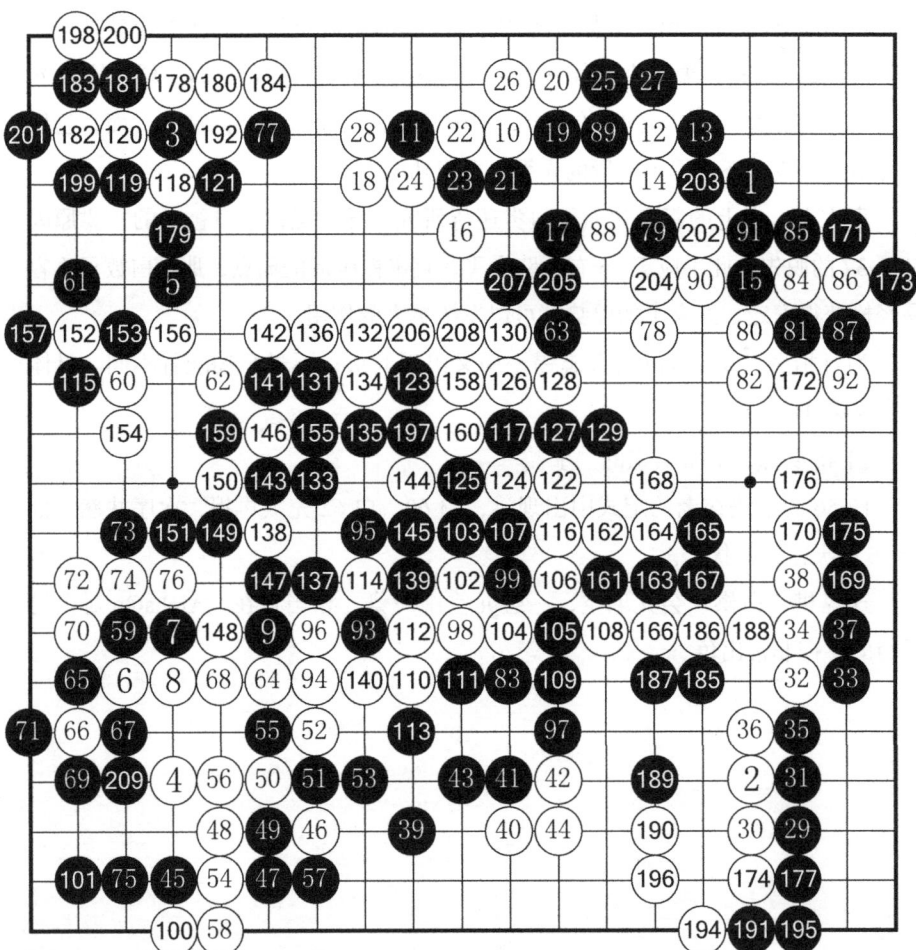

193 = 118

AlphaGo 网络世界大师对局第 36 局

黑 5 二间高跳，过去我们怕角上守不牢，少有人下。而今 AlphaGo 更注重速度与对中腹的掌控，所以在小目守角时，不是大飞挂就是二间高守角。

黑 7 尖冲是 AlphaGo 喜欢的，根据对方是爬还是贴来决定自己接下来的方向。

黑 17 犀利！找到了白形的弱点，也是一种试应手的下法。白 18 反击。以下形成转换，双方各有所得。

黑 29 点三三令人吃惊。空角点三三在过去是禁手，因为觉得被对方走厚不合算。而 AlphaGo 多次的尝试令我们不得不重新思考。黑先手点角后，39 分投好点。

黑 41、黑 43 的先手压退，目的也是限制白势力的发展。AlphaGo 行棋速度快，定型也快，常常是只要这个交换不损，它就走掉了。职业棋士们所习惯的保留余味的想法，对它是不太适用的，或许，这是计算机简化局面的方法之一？

黑 45 进角，至 59 挡下，这一带战斗告一段落。但是黑还埋伏了强烈的手段。

白 64 败着。黑 67 闪电出手，漂亮，是当初就埋伏下的手筋。白 68 无奈，至 76，黑先手掏掉角空，白棋损失巨大。白 64 可考虑 82 紧逼，或者 83 飞，扩展右下的同时催促黑补棋。

因左边白棋很厚了，黑需要补强左上角，黑 77 拆一，有了这一手和前面 61 的跳，最早的二间高守角堪称完美。

黑方：Master

白方：朴永训　九段

地点：野狐围棋网

贴目：6.5 目

手数：173

结果：黑中盘胜

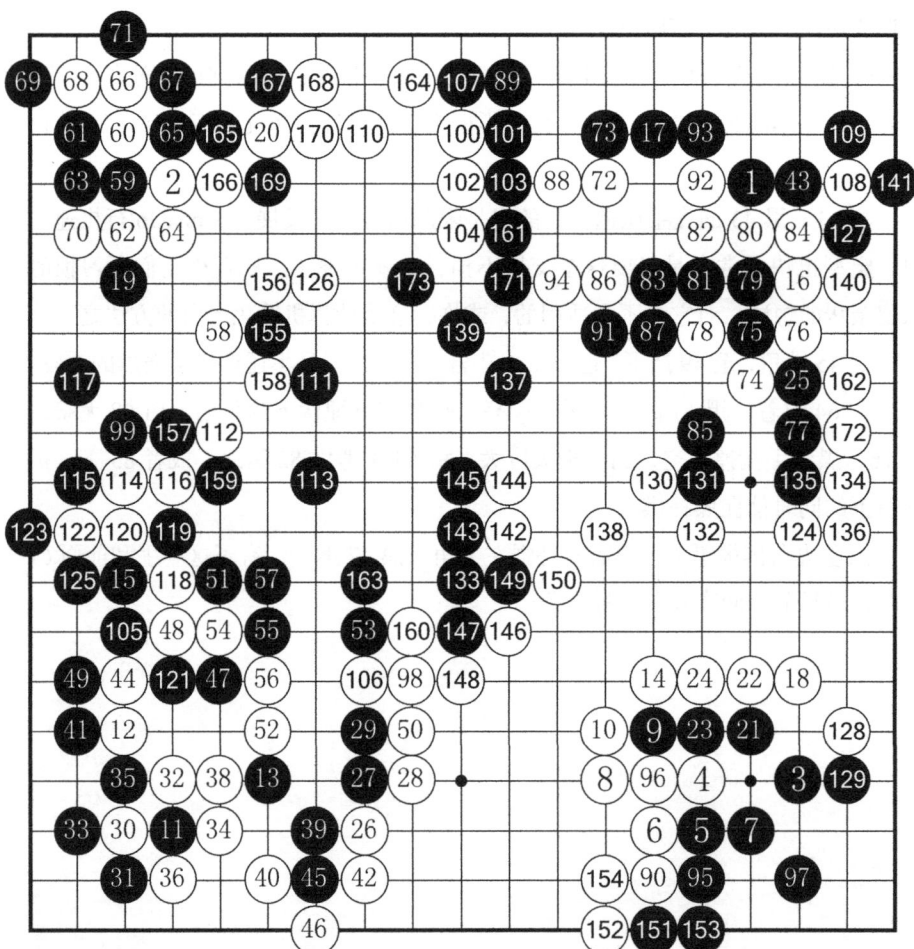

㊲ = ㉚

AlphaGo 网络世界大师对局第 37 局

黑 9 后不理，以前的理解是黑棋一定要跟着应的。

白 18 后，黑 21 以下定型，然后脱先下 25 位，体现大局观。

黑 59 托角的下法与以前的判断不一样。这已经是 AlphaGo 的招牌定型了。赵治勋老师喜欢这样的下法。

黑方：Master

白方：柁嘉熹　九段

地点：野狐围棋网

贴目：6.5 目

手数：239

结果：黑中盘胜

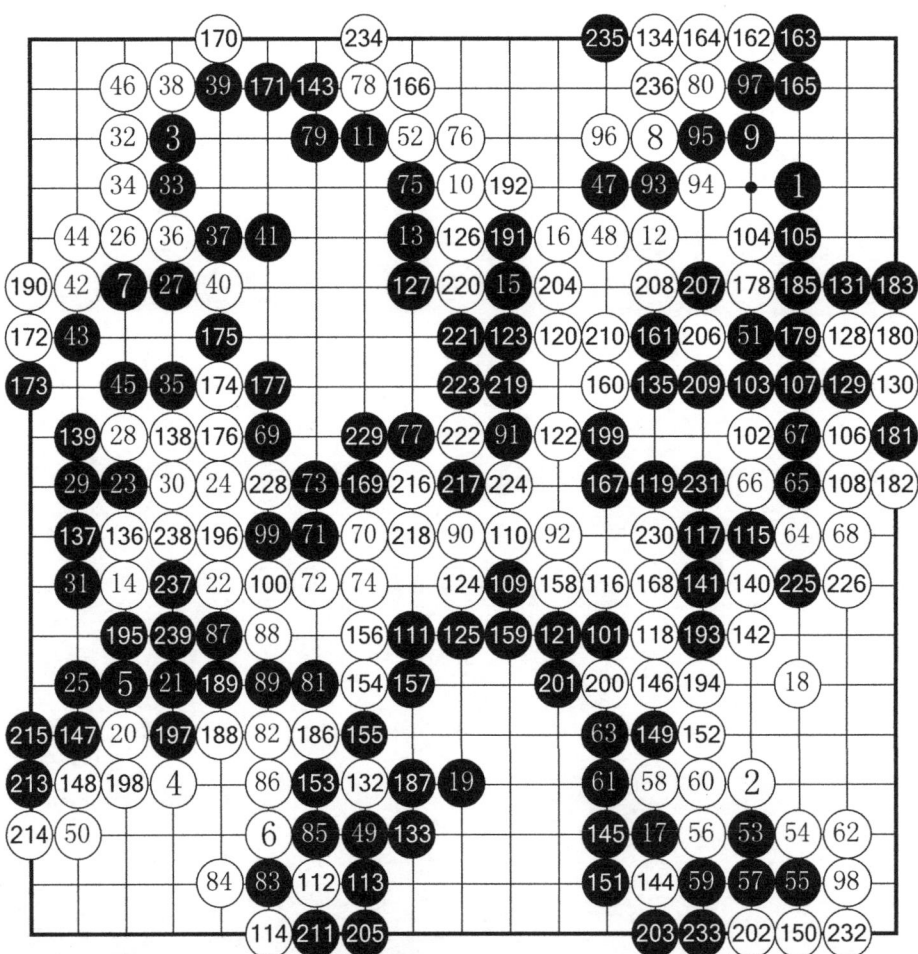

184 = 181　　212 = 83　　227 = 222

112

AlphaGo 网络世界大师对局第 38 局

　　黑棋 15 位飞的定型比较少见，重视中央。黑 17 挂后，19 走星位是更为积极的下法。

　　黑 21 动出效率高，还兼带着攻击白棋。

　　白 26、白 28 重实地，次序好。

　　黑棋在左上角很快地决定走厚外边。

　　黑 35 补厚。到 46 争得先手后，47 位先点。

　　黑 53 托，定型时最好的办法。

　　黑 65 又看到了熟悉的碰，争得了很大的先手。

　　黑 69 选择优势下，稳健的围空下法。

黑方：Master

白方：井山裕太　九段

地点：野狐围棋网

贴目：6.5目

手数：135

结果：黑中盘胜

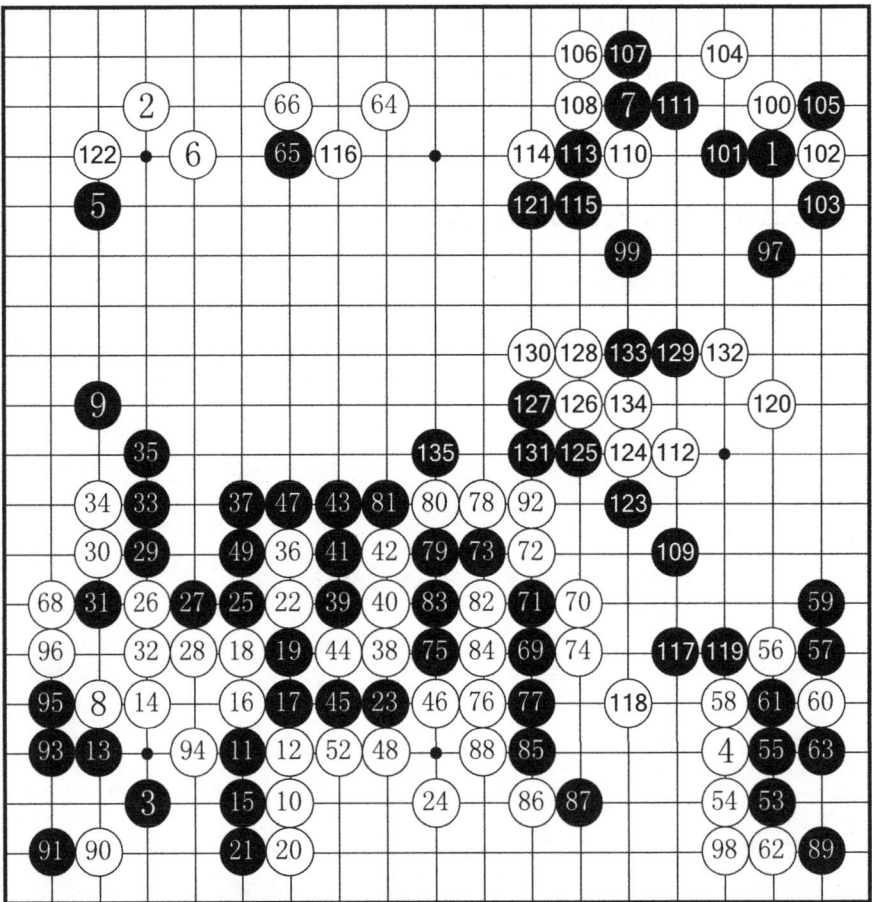

㊿ ❻⓻ = ㉒　　❺❶ = ㊱

AlphaGo 网络世界大师对局第 39 局

　　井山九段在 2016 年是日本的七冠王，达到日本前人所没有过的同时拥有最多头衔的棋手。20 世纪 90 年代，井山九段曾获小学生名人冠军，在日本围棋网络上曾接受过我的让先指导棋。

　　白 2 小目，AlphaGo 采用了 3 位错小目布局，展示了另一种布局的可行性。大贴目以后，黑棋尽可能连在右下角让右边连片成了布局大趋势，特别是中韩两国。

　　到黑 9 是形成错小目的流行布局，黑 11 不在 94 位小尖，行棋开始激烈。黑 13、黑 15 整形后，17 位断严厉。实战至 49 先手拔掉二子，黑棋优势。

　　黑 53、黑 55 先点角，简明。

　　黑先下 65，同白 66 交换是聪明的下法。

　　黑 91 是早已准备好的应对。

黑方：孟泰龄　六段

白方：Master

地点：野狐围棋网

贴目：6.5 目

手数：274

结果：白 2.5 目胜

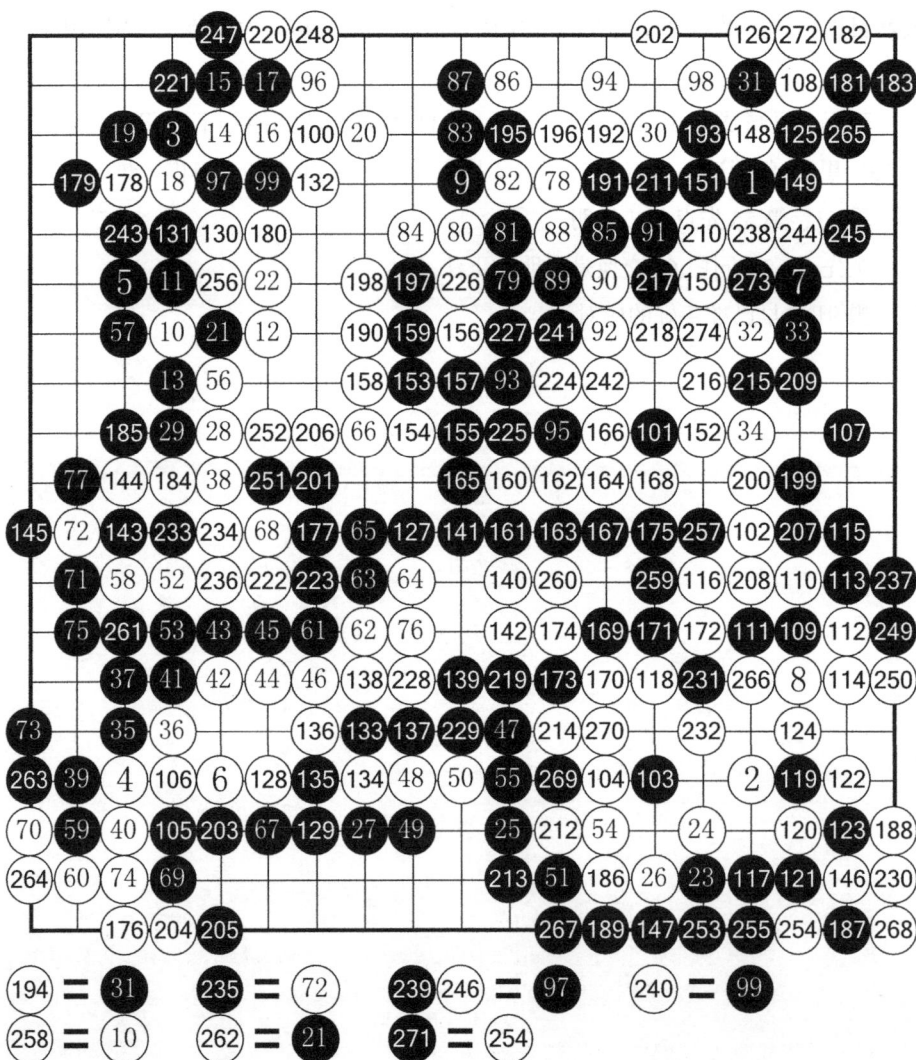

$$247\ 220\ 248$$

194 = 31　235 = 72　239 246 = 97　240 = 99

258 = 10　262 = 21　271 = 254

116

AlphaGo 网络世界大师对局第 40 局

白 10、白 12 是更为大胆的大飞角尖冲。在职业棋手中没有见过的下法。

白 14 是相关联的好棋。先消除掉黑棋角边上的部分。

即便如此，现阶段也不觉得白棋是好棋，太损了。

我认为这是 AlphaGo 有些任性的下法。如果学它这样的下法，可能很快就会垮掉的。损失太大。

黑方：金志锡　九段

白方：Master

地点：野狐围棋网

贴目：6.5 目

手数：170

结果：白中盘胜

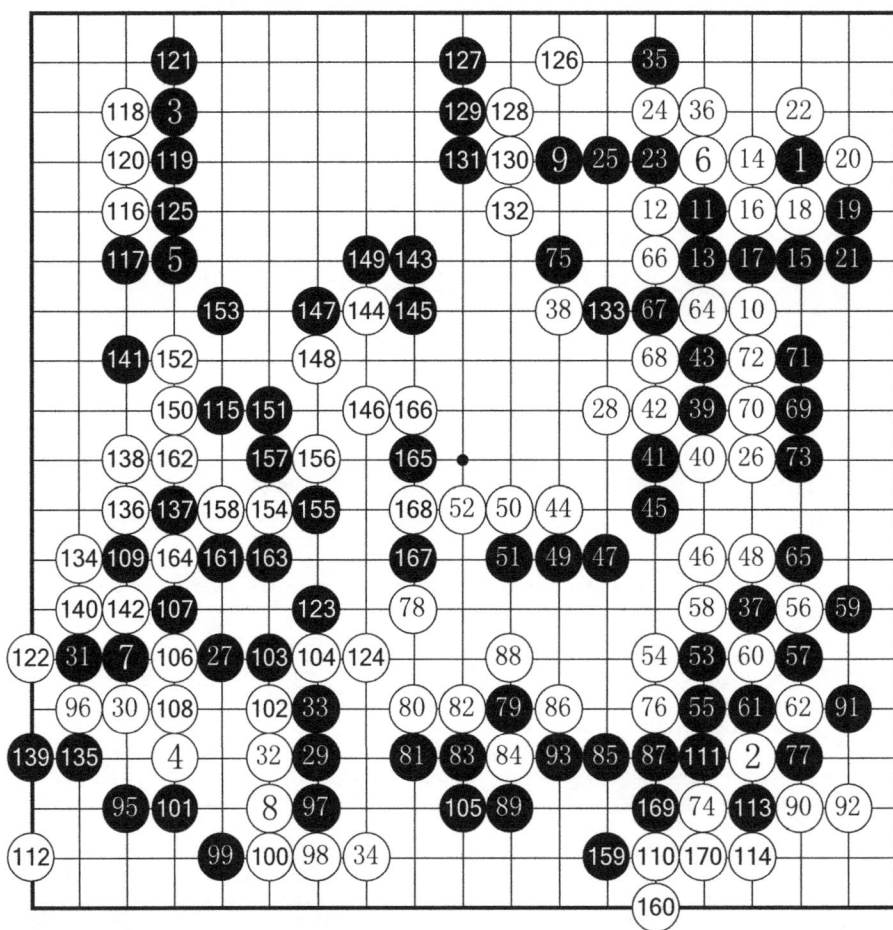

63 = 37　　94 = 79

AlphaGo 网络世界大师对局第 41 局

金志锡九段在我们初到韩国时，还是小孩子。他入段时就是天才儿童。据说曹薰铉老师曾经想收他做内弟子的。

金九段力量很大，喜欢战斗的棋风。

黑 5 采用了 AlphaGo 喜欢的二间高跳守角。

白 16、白 18 是新手，AlphaGo 在这 60 局中下过多次（参见第 35 局）。这盘棋，白 26 是从自己星位拆过来，我感觉比 35 局的配置要好得多。在学习了这几盘棋之后，芮乃伟也在比赛中尝试了两次白 16、白 18 的新手，效果不错。

白 26 后，黑置之不理，27、29 扩展另一边的阵势，双方针锋相对，好看。

白 28、白 38 空中飞舞，仍然是瞄着白 12 的动出。在这个局部，AlphaGo 的思路似乎是尽可能地消减黑厚势，只要逼得黑花一手枷吃这一子，就是成功了。

黑棋不愿委屈地自补，志锡的棋风本是有断必断，此局依然，黑 39、黑 41 断开白棋，以攻为守，自此进入激战，双方弈得精彩。

白 62 以下毅然开劫，算路精准。

黑方：Master

白方：杨鼎新　五段

地点：野狐围棋网

贴目：6.5目

手数：125

结果：黑中盘胜

③② = ②②　　●45 = ●27

AlphaGo 网络世界大师对局第 42 局

AlphaGo 下出平行小目之后，黑 5 必然大飞守角。

黑 15 挂角后，黑 17 再挂，行棋速度快。

黑 19 要领，21 双飞燕严厉，白 24、白 26 考验黑应手。黑 27、黑 29 先拔掉一子，干净、厚!

黑 31、黑 33 强硬，转换至黑 49，黑棋优势。

黑方：Master

白方：姜东润　九段

地点：野狐围棋网

贴目：6.5 目

手数：165

结果：黑中盘胜

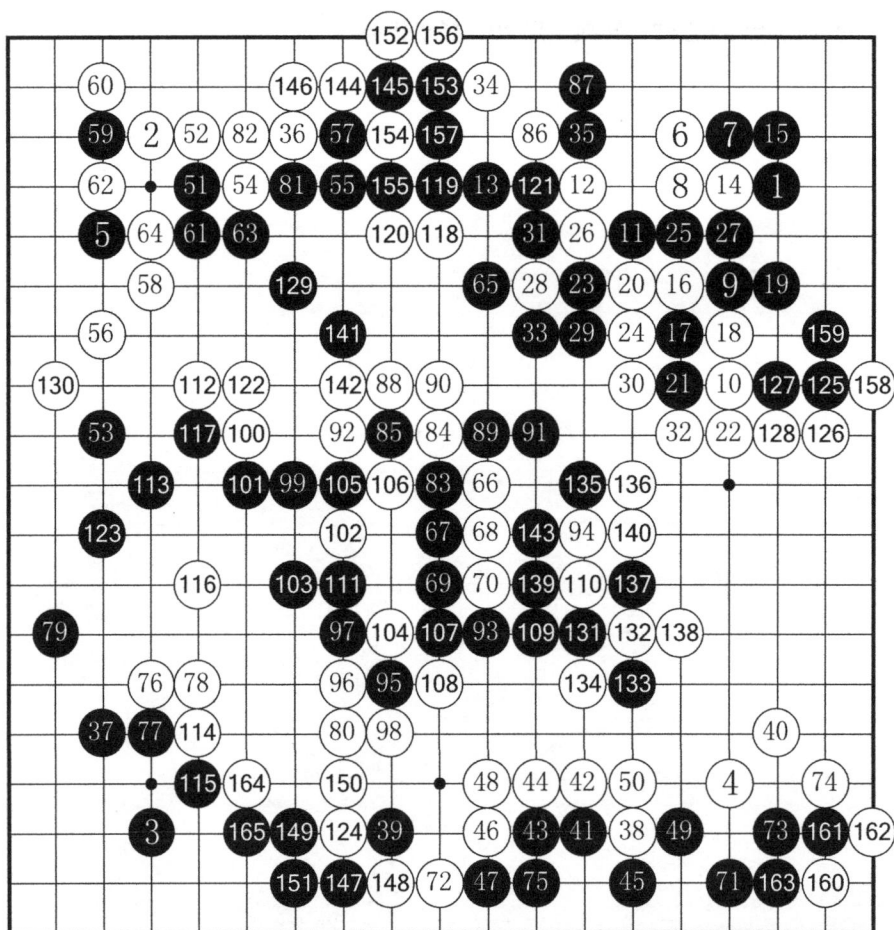

AlphaGo 网络世界大师对局第 43 局

黑 7 尖顶，基于有 51 位的飞压，是 AlphaGo 喜欢选用的着法。

白 10 求变，棋局不是常形，精彩。

到第 36 手，白棋是可以接受的结果。

黑 37 守无忧角，对于 AlphaGo 来说少见。

黑 41 碰，AlphaGo 碰上类似的局面是很积极的。

黑 51 就这样脱先了，细看 41 以下是它的先手便宜，随机而动，灵活。

白 54 是人类很容易下的厚实的一手，被黑 55 抓住了形的要点，难应。黑 55 很像王立诚九段"春兰杯"夺得冠军时，对马晓春九段那一局。

如果 57 不爬，被黑 63 扳住难受。

黑 57 挡住大，进一步扩大了优势。

黑 67 中央尖冲，限制白空的发展，然后走回 71 的大棋。

黑方：安成浚　七段

白方：Master

地点：野狐围棋网

贴目：6.5 目

手数：260

结果：白 2.5 目胜

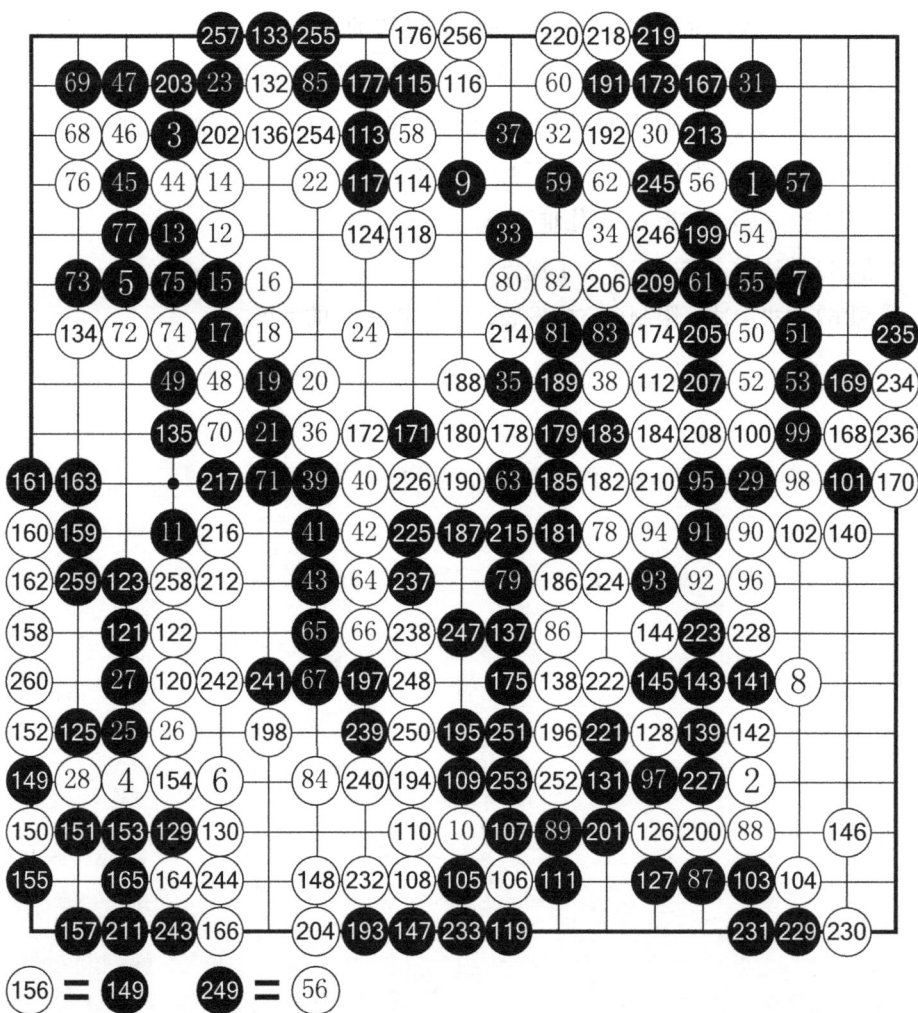

⑯ = ⑲　 ⑭ = ㊻

124

白 12、白 14 以下侵消下法惊人。以前的感想是损实地的，白 24 这样略缓的定型方法，是我们要重新学习的。

黑 25 碰是吴老师风格的定型的好手。

白 30 就直接挂打入？普通是先下 32 手。

黑 37 与白 38 交换略损，出头差许多。

白 46、白 48 制造味道。

白 54 开始加强自己，准备攻击中央一队黑棋。

到白棋回到 80 位切掉黑棋一队，大。

黑方：Master

白方：时　越　九段

地点：野狐围棋网

贴目：6.5 目

手数：167

结果：黑中盘胜

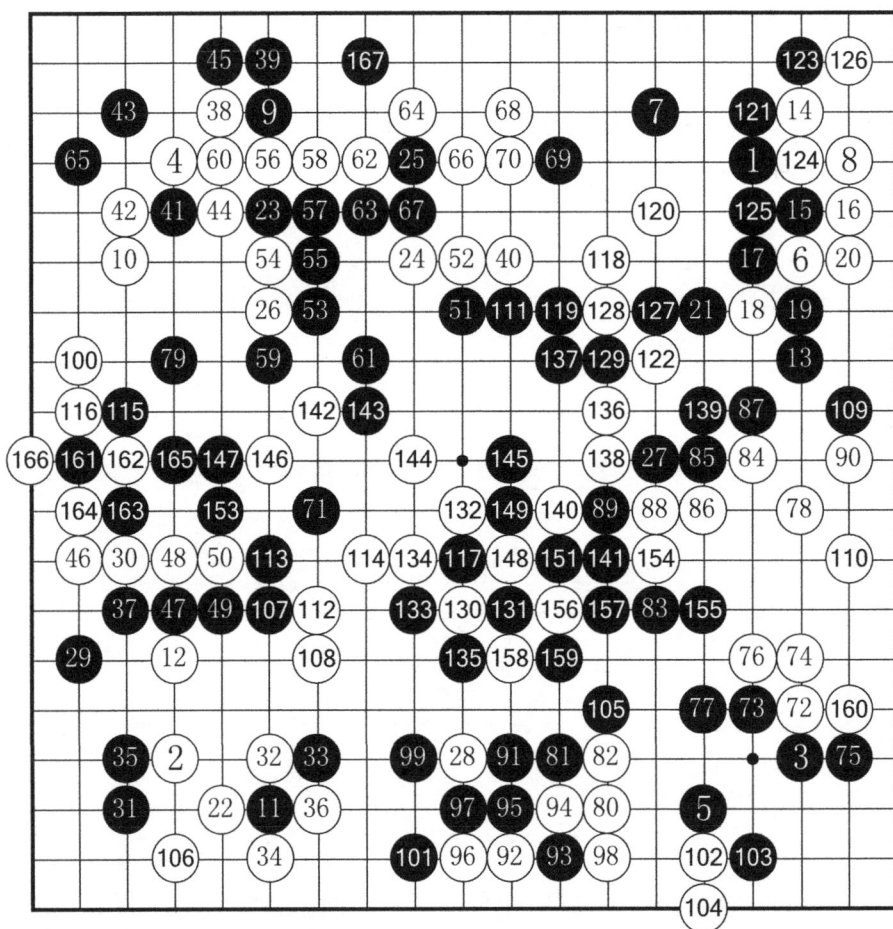

150 = 130　　152 = 117

AlphaGo 网络世界大师对局第 45 局

到黑 21 是人类以前的经验，有许多这样的对局。白 22 如果在 14·十六肩冲无忧角就精彩了，这是吴老师及 AlphaGo 喜欢的。

黑 23 果断，黑 27 补好模样。这手和单在 84 位补对中央的控制力要好许多。

AlphaGo 很少下无忧角，对付二连星的黑棋布局是 AlphaGo 下无忧角的方法之一。

黑 29 灵活，AlphaGo 的厉害之处就在于它的判断准确。人类有时候也能想到那些，可是不敢去下。

AlphaGo 给我们展示了很好的后续手段。

黑 33 立刻反扳，可能是 AlphaGo 下出的坏棋。

白 36 缓，应该直接在 46 位下一路小尖补，这样对实地好。而且，以后再回到 36 时，黑棋角上没有活干净。

黑 51、黑 53，AlphaGo 发力了，显示了极强的作战能力。人类很少会想到从此处发力作战。

黑 57 粘后，黑 59、黑 61 外边虎，一举优势。

AlphaGo 对效率拿捏是非常准的，一般棋手常常会不肯被正在攻击中的对方大龙连回。

黑方：连 笑 七段

白方：Master

地点：野狐围棋网

贴目：6.5目

手数：144

结果：白中盘胜

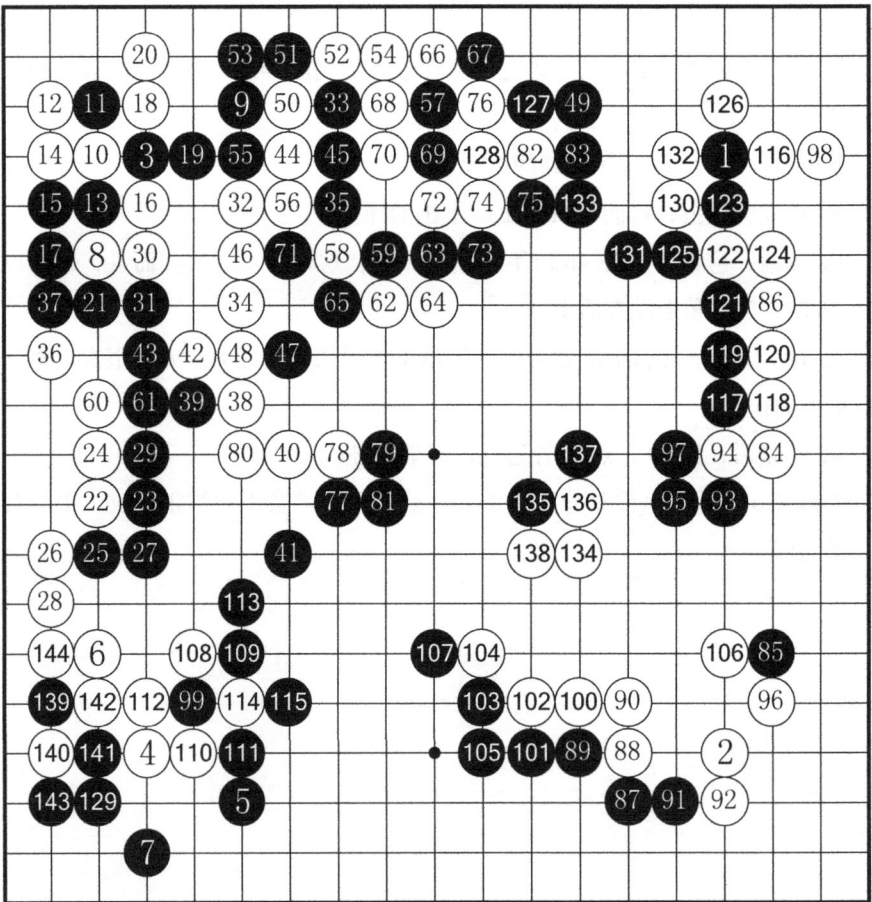

AlphaGo 网络世界大师对局第 46 局

白 10 是 AlphaGo 改进了以前的定式（小飞进角），坚持托入。

白 22 拆二是刻不容缓的大场。

白 38、白 40 构思巧。

白 44、白 46 次序正确，瞄着 50 的冲断。黑 49 是间接补断，但是味道不太好。

白 50 至 58 是连贯的作战手筋，借弃子整形。

黑 65 打吃，想先手使白棋形状变糟。

瞬间遭到白棋反击，白 66 至 70 冲，黑竟然接不上，白一路冲出，76 断吃两子，白已大胜。AlphaGo 算路精准，靠力量一举击溃黑棋。这方面 AlphaGo 明显优于其他围棋人工智能产品。

黑方：Master

白方：檀　啸　七段

地点：野狐围棋网

贴目：6.5 目

手数：191

结果：黑中盘胜

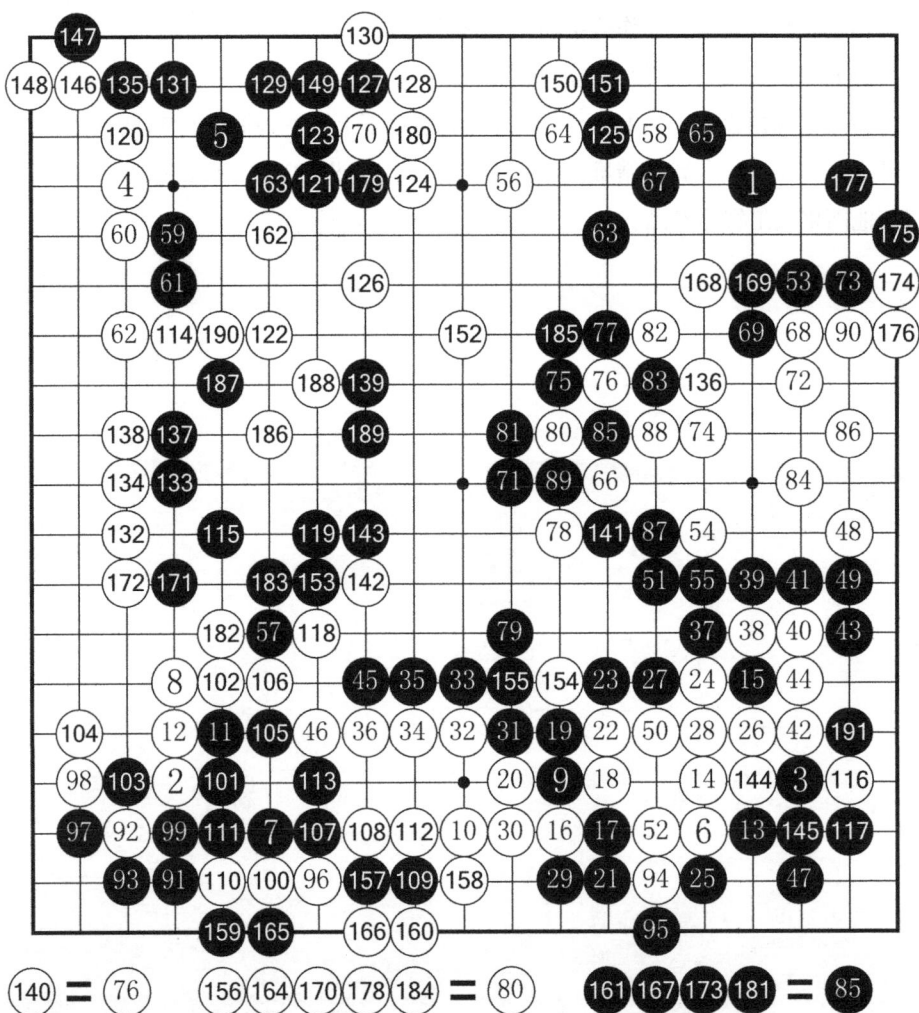

(140) = (76)　　(156)(164)(170)(178)(184) = (80)　　161 167 173 181 = 85

黑 11 点真是快，然后 13 捞取实地。至今为止，人类实地派棋手多也是有道理的。

黑 21 单立之后，23 扳强手。然后 27 顶，31 压，揪住了白 16、白 18 渡过形状的弱点，紧紧不放手。

黑 31 拐后，33 扳痛快。

黑 37 就这样把白棋紧紧地捂在里面了。

黑 47 在追白棋的过程中整形，一举就将棋局导入了胜势。AlphaGo 本局一开始就顺风顺水，要知道对手也是棋坛强将。

黑 53 扎牢边空。

白 68 靠入顽强。

黑 91 掏空狠，一下子活了很大。

黑方：朴廷桓　九段

白方：Master

地点：野狐围棋网

贴目：6.5 目

手数：270

结果：白 1.5 目胜

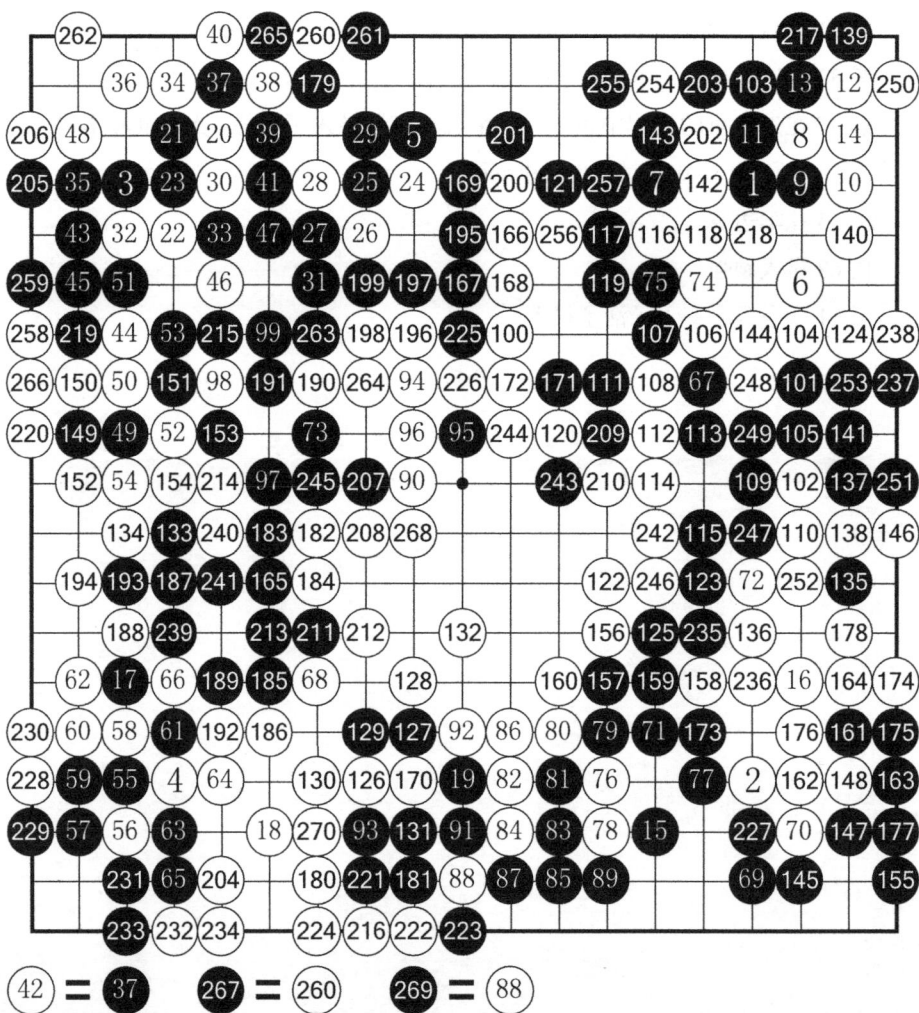

㊷ = ❸⑦　　❷⑥⑦ = ㊉⑥⓪　　❷⑥⑨ = ⑧⑧

白 20 的挂角，AlphaGo 的下法从棋理上是难以理解的，AlphaGo 开始显示力量。

白 24 是腾挪的好手。

黑 25 扳，同陈耀烨的方向不一样。

白 30 之后，32 是预定的作战。

白 34、白 36 获取角上的实利很大。

白 50、白 52、白 54 吃掉一子，黑棋看上去厚实，却都凝在一起，重复了。很难再向外发展。

白棋一开局就不畏战斗，整个局面一下子就成了白棋好下的棋。

白 50 至 54 的定型，让人一下子联想到了吴清源老师执白对高川格九段的一盘棋，看着在提子，但是都是"干"的子，实际价值并不大。

黑方：元晟溱　九段

白方：Master

地点：野狐围棋网

贴目：6.5 目

手数：222

结果：白中盘胜

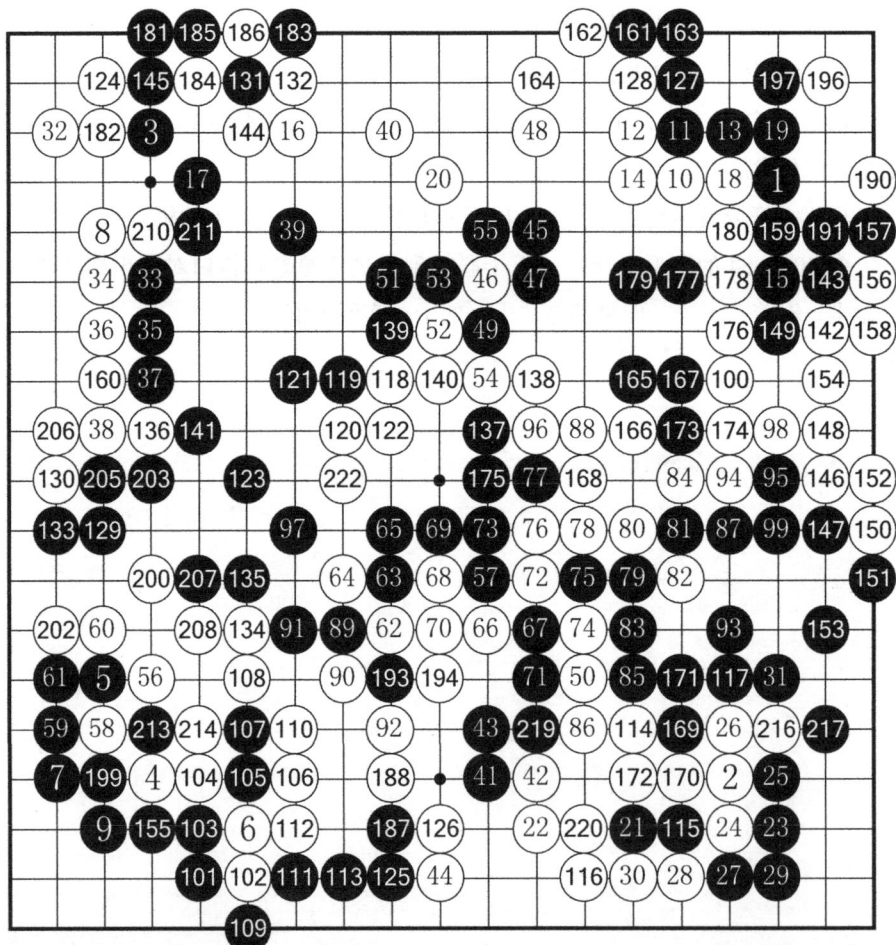

⚫189 ⚫195 ⚫201 ⚫209 ⚫215 ⚫221 ＝ ⚫131　⚪192 ⚪198 ⚪204 ⚪212 ⚪218 ＝ ⚪186

黑 7 小飞，吴老师常常对于这样的小飞是脱先的，AlphaGo 也是如此，宁肯托进去。

AlphaGo 对小目的小飞挂非常多。

黑 41、黑 43 交换不便宜，应该于 126 打入才狠。

黑 45 吊过早，被白 46 交换之后，黑 49 落了后手。

50 位大，白 52、白 54 两回合交换得比较果断。

白 56 很痛快地扩大自己的阵形，并对黑棋中央一队形成威胁，采用一石二鸟的战术。

白 62 开始攻击中央，结果截留了黑 41、黑 43 两子，非常大。

黑方：柯　洁　九段

白方：Master

地点：野狐围棋网

贴目：6.5 目

手数：178

结果：白中盘胜

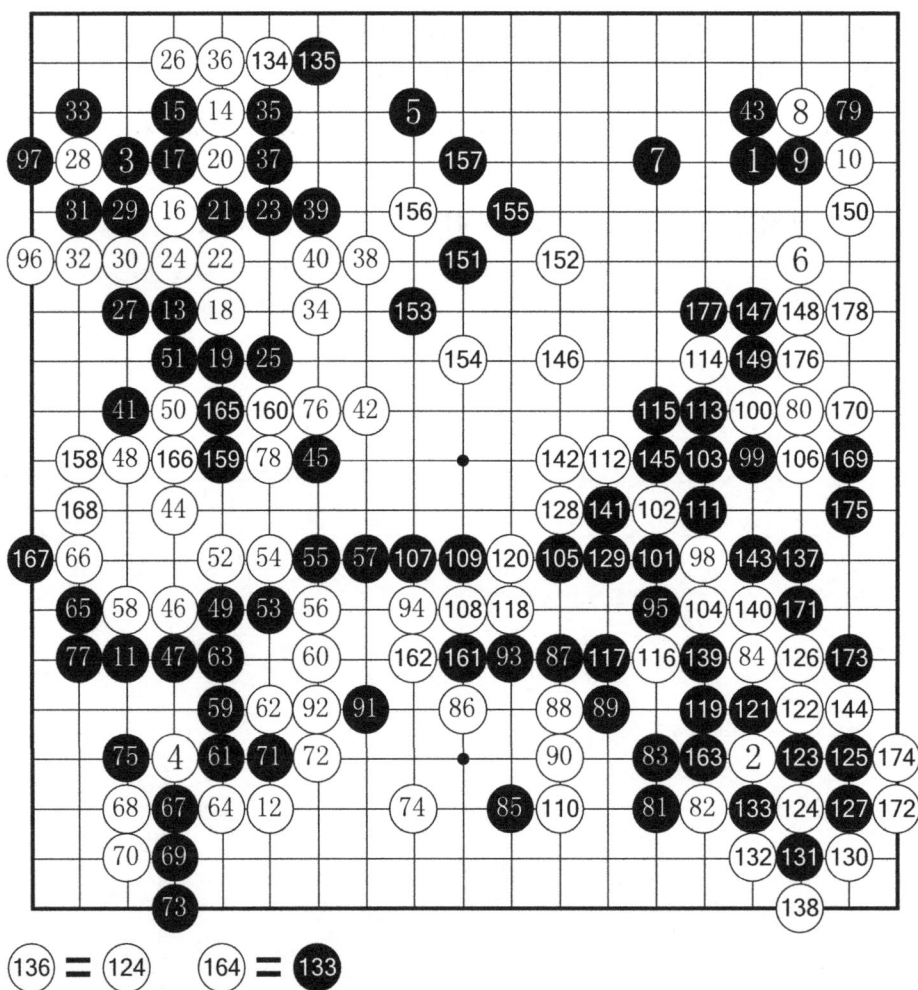

(136) = (124)　(164) = ⬤133

AlphaGo 网络世界大师对局第 50 局

　　白 14，两天前的朴廷桓九段是下在右上 2·二虎，恐怕当世无人会指摘这一手棋的价值。然而 AlphaGo 用实战告诉大家，缓了（显然柯洁学习过了）。

　　白 16、白 18 以下是实战的手筋，意在消黑棋的空。至白 42，获得成功。

　　白 44 打入，抓住了棋形的要点。

　　白 48 狠，先分断了黑棋。

　　白 56 断以后，58 挡对攻。黑棋危险。

　　白 68 可以直接补在 74 位的。不觉得 AlphaGo 下对了。

　　白 76、白 78 吃掉黑棋后，优势。

黑方：周俊勋　九段

白方：Master

地点：野狐围棋网

贴目：6.5目

手数：118

结果：白中盘胜

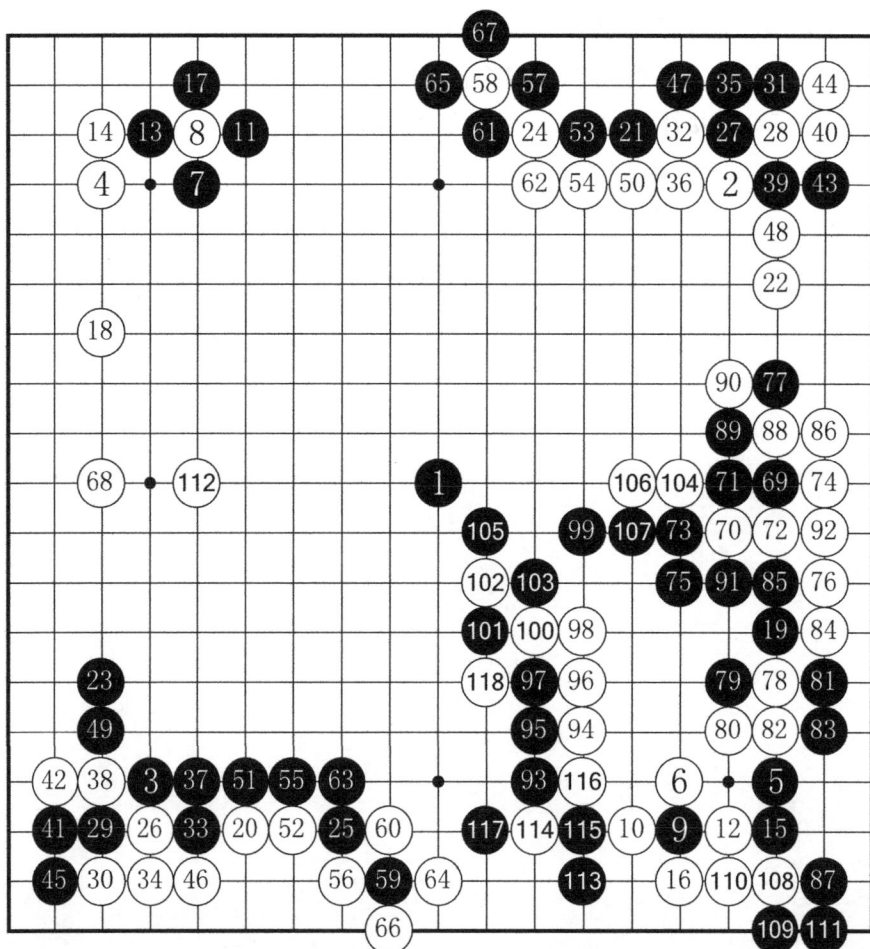

AlphaGo 网络世界大师对局第 51 局

在大贴目的情况下，选择去下模仿棋？这无疑是不利的，因为白棋会逐步消弱黑棋天元一子的效率，让其失去贴目的价值就可以了。

周九段独树一帜，让大家欣赏一下 AlphaGo 的选择。相信这对 AlphaGo 不难。多下也会有不一样的局面。不过，其理论核心会是一样的。

畅想一下，如果对战 AlphaGo 的时候拿白棋去模仿它，会是很有意思的。判断出 AlphaGo 下得有问题的时候，趁势超越，会是独特的角度，也将会是很有价值的对局吧。

当年吴清源老师对木谷实老师的模仿棋引起了轰动的原因之一是"不贴目"，日本各大门派均回避下模仿棋。拿白棋坚持下模仿棋的是藤泽朋斋老师，取得的成绩也不错。

黑 71 变招，白 72 算路精准，一举掏掉黑棋的右边，其中 78 狠，胜券在握。

黑方：范廷钰　九段

白方：Master

地点：野狐围棋网

贴目：6.5 目

手数：202

结果：白中盘胜

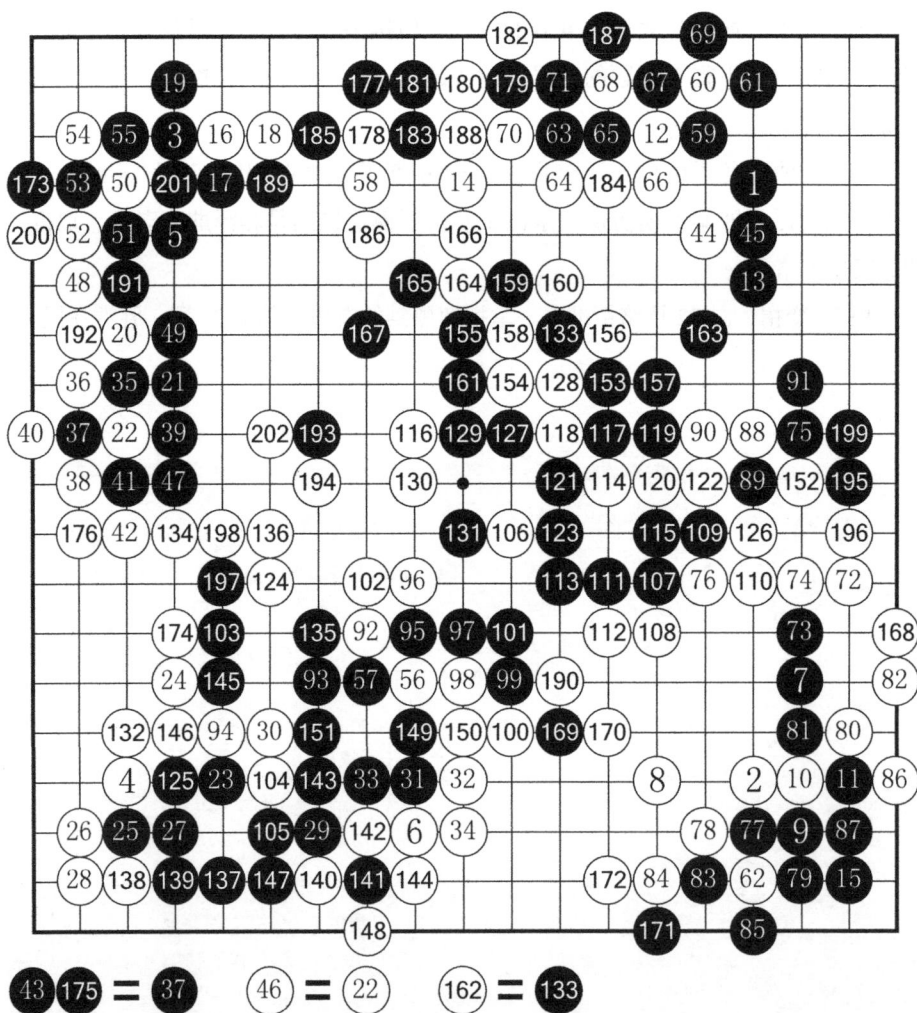

43 175 = 37　　46 = 22　　162 = 133

AlphaGo 网络世界大师对局第 52 局

白 6 走中国流来对付黑棋的单关角。

白 12 挂角时，黑 13 应该 70 位反夹白棋。实战白 14 效率高。

白 16 靠是吴清源老师对付单关角的常用手法。此刻是最好的时机与效果。

然后白 20 紧紧逼住，让黑棋难受。白 20 如果是我会觉得下在 35 位比较好。

实战黑 21 反击好棋，利用厚势，压迫白棋。

白 22 不得已，却是此时的好计划。

白棋迅速修正了自己的方案，柔软。

白 30 此刻飞紧凑。

白 44 作为劫材使用，毫不可惜？

白 50 一路刺过去，实地捞得舒服。

白 56 与 57 的交换必要吗？

白 58 大，还可以牵制黑棋，白 62 脱先占下边大，引来了 72 位的好手。这一系列定型的小刀子直到 88 手，值得反复学习。

黑方：Master

白方：黄云嵩　五段

地点：野狐围棋网

贴目：6.5 目

手数：133

结果：黑中盘胜

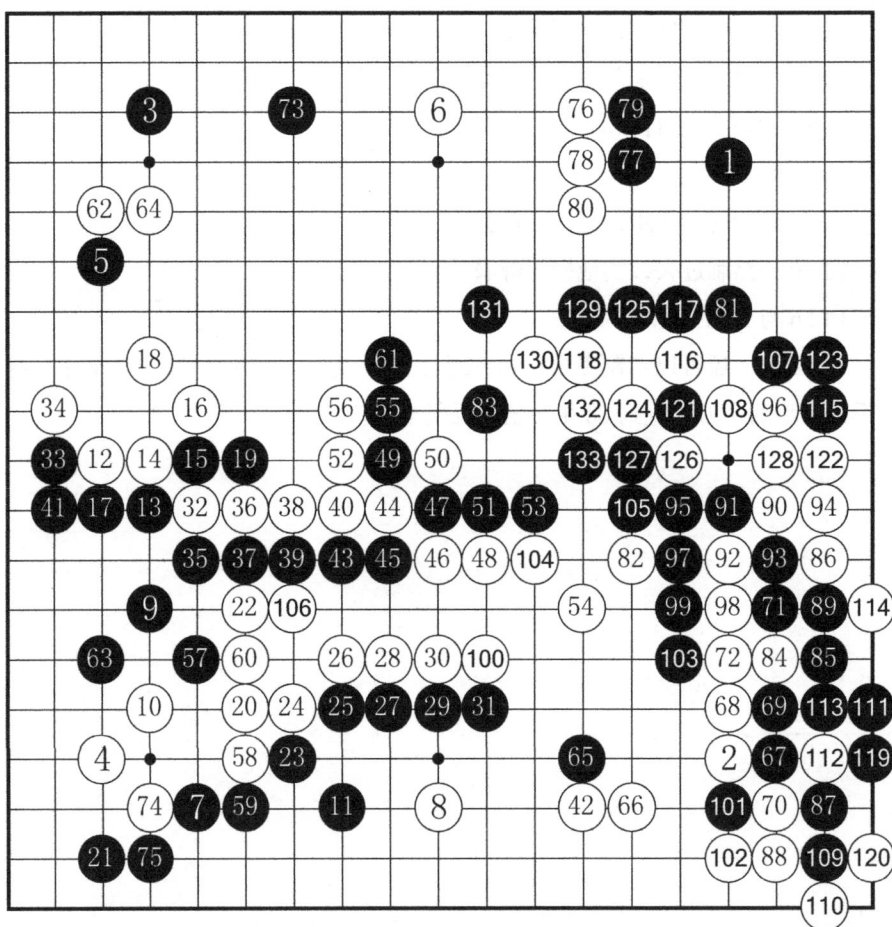

AlphaGo 网络世界大师对局第 53 局

白 8 四间反夹，黑棋 9 反夹之后，11 位拆。

白 12 时，立刻动出。原因是黑 5 的位置能够限制白棋。

白 20 跳不如直接在 74 位尖顶。

实战中黑 21、23 整形带攻击整队白棋，主动。

黑 49 是借劲来整理自己的形状，到 61 时中央厚实有效率。

白 62 好棋，借劲削掉黑角。

黑 65、黑 67 好调子，限制了白棋。抢到了 73 位的大场。

黑 77 之后，紧接着 79 贴抢目，黑 81 开拆。非常类似吴清源老师讲到的局部定型。

黑 91 之后，展开肉搏杀大龙，观赏性很强，待黑棋回到 107 时，白棋已经回天乏术。

不过还是觉得 83 有点缓……

黑方：Master

白方：聂卫平　九段

地点：野狐围棋网

贴目：6.5 目

手数：254

结果：黑 7.5 目胜

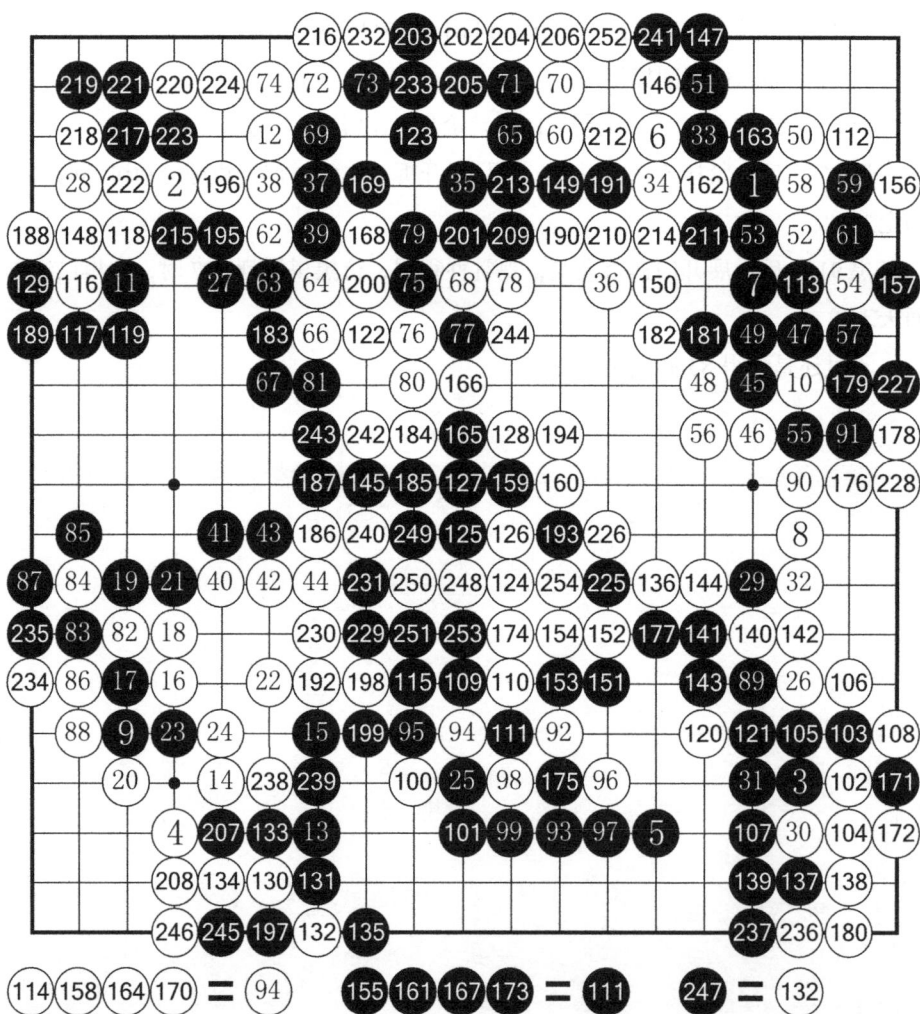

114 158 164 170 ＝ 94　　155 161 167 173 ＝ 111　　247 ＝ 132

AlphaGo 网络世界大师对局第 54 局

60 盘棋中只有这盘用时是一分钟读秒。AlphaGo 破了例。

白 6 先挂之后再分投。以前在聂九段的对局中也曾出现过。

AlphaGo 给出的应对是黑 9 脱先挂角。通常会在 55 位先逼一下的，看来小飞低挂的价值被以前的人类低估了。

黑 13、黑 15 是 AlphaGo 常用的，以前人类更多的是 133 位紧夹，白 14 小尖以后，黑 238 位贴起。实战的下法更容易走回 25 位。

白 30 先靠一下，灵活。

黑 33 先尖顶，来得实用。35 通常会补 61 位。

黑 37 补强带压低白棋。

白 40 缓手，应于 50 位点角。

实战黑 45 压出兼带补强角空，拉开距离。

黑方：陈耀烨　九段

白方：Master

地点：野狐围棋网

贴目：6.5 目

手数：267

结果：白 1.5 目胜

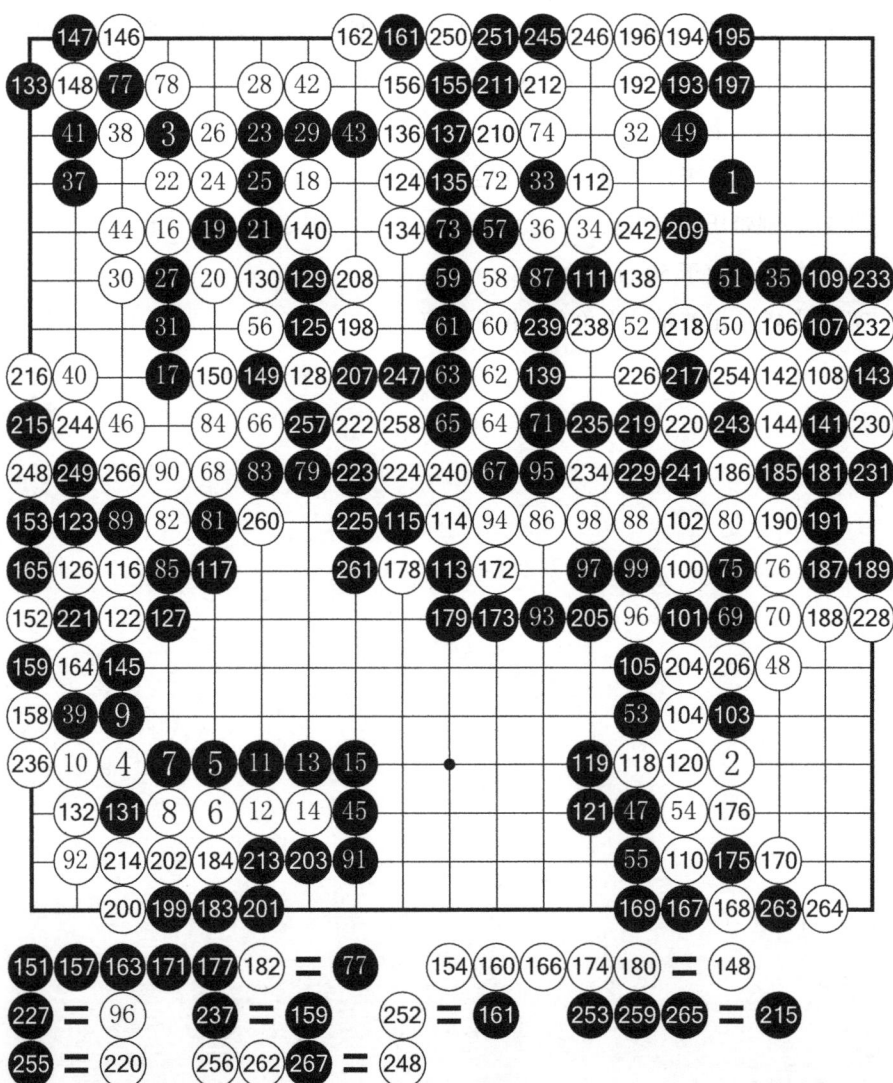

151 157 163 171 177 (182) = ● 77
(154)(160)(166)(174)(180) = (148)

227 = (96)　　237 = ● 159　　(252) = ● 161　　(253)(259)(265) = ● 215

255 = (220)　　(256)(262) 267 = (248)

146

AlphaGo 网络世界大师对局第 55 局

至 26 冲下，和第 35 局一模一样。看来无论是什么样的配置，AlphaGo 都觉得这样的下法可行。以前人类的理解是走成黑 19 靠出的"妖刀定式"，如果两边黑棋都有配合，是黑好，但通过白 24、白 26，我们必须重新审视这一局面了。

黑 27 开始变招，直接断，保留角上的余味，据说这是国家队的研究。白 28 扳必然，至 31 成新型，黑依然是后手，但白棋角上还有手段。

白 32 挂入，黑 33 夹是想下的，白 34 是限制黑棋上边厚势发展的好手。

黑 37 和 38 的交换不一定不便宜。白 40 飞出，典型的白棋实地对付黑棋的厚势。

白 50 在捞到了实空之后的尖冲就很舒服了。

白 56 尖，我们终于看到这一子的动出了（参见第 35、41 局）。

黑 57、59 寻求借劲，61 以下连压，接下来就要留下白小尖两子了。白 66 灵活，AlphaGo 从来不惧被对方扳头啥的，对他而言，难受与否应该不在考虑范围之内，要考虑的只是效率吧？

白 68 吃住大，而且厚实。之后，白棋很自然地抢夺大官子。

黑 79 是围空的好点，白 82 则是消空时的刁钻点。白 88 构图好看，实用。

此局双方弈得精彩，值得反复品味。

黑方：Master

白方：赵汉乘　九段

地点：野狐围棋网

贴目：6.5 目

手数：171

结果：黑中盘胜

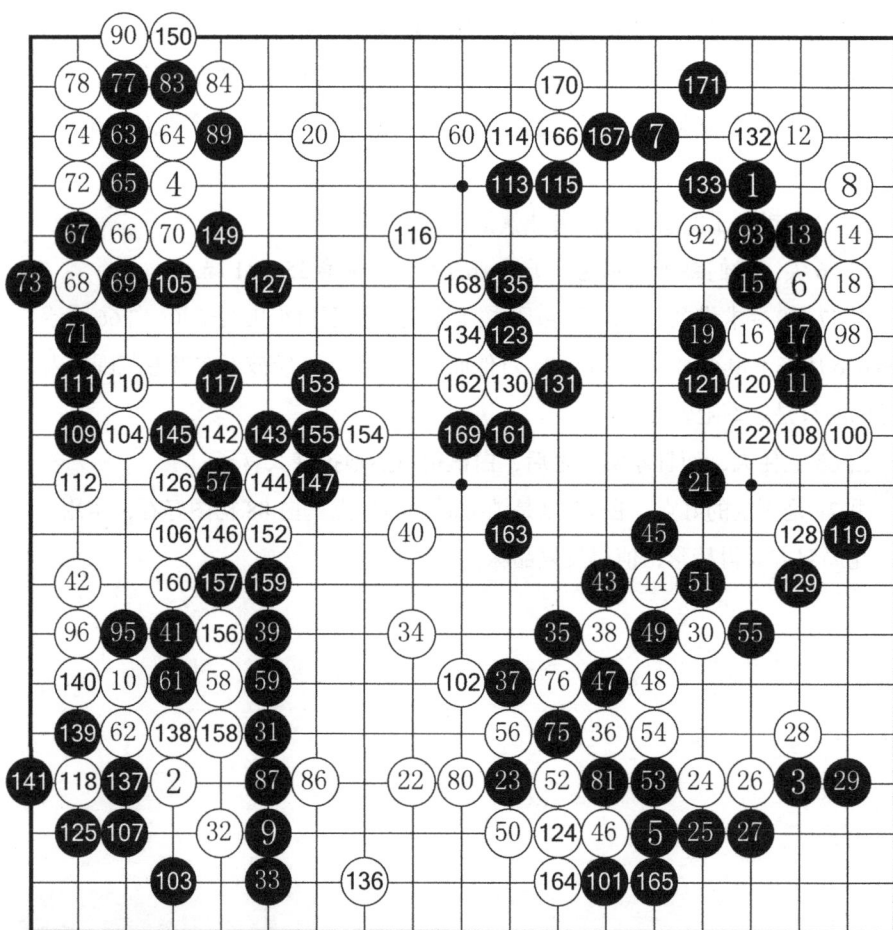

⚫79 ⚫85 ⚫91 ⚫97 = ⚫75　　○82 ○88 ○94 ⚫99 = ○76　　○148 = ○142

⚫151 = ⚫57

黑 9 挂后，黑 11 反夹。

AlphaGo 没有下过小飞进角。对方小飞进角的时候很少尖三三应。

黑 21 比传统的星位收回更加注重中央。

白 24 下法有意思，走到了 30 手。想抓住白棋的形状要点是有些难度的。

黑 31 跳了以后，黑 35 大飞缠绕攻击。

黑 43、黑 45 选择了厚实的转换，黑有利。

黑 63 点角时机好，还留下了大的劫材。

白 66 走 69 位小飞不知道怎么样，很想这样下。

黑 75 果断开劫，最后逼白棋只能在 98、100 找劫。

黑棋获利比较大，一举扩大了优势。

黑方：Master

白方：申真谞　六段

地点：野狐围棋网

贴目：6.5目

手数：139

结果：黑中盘胜

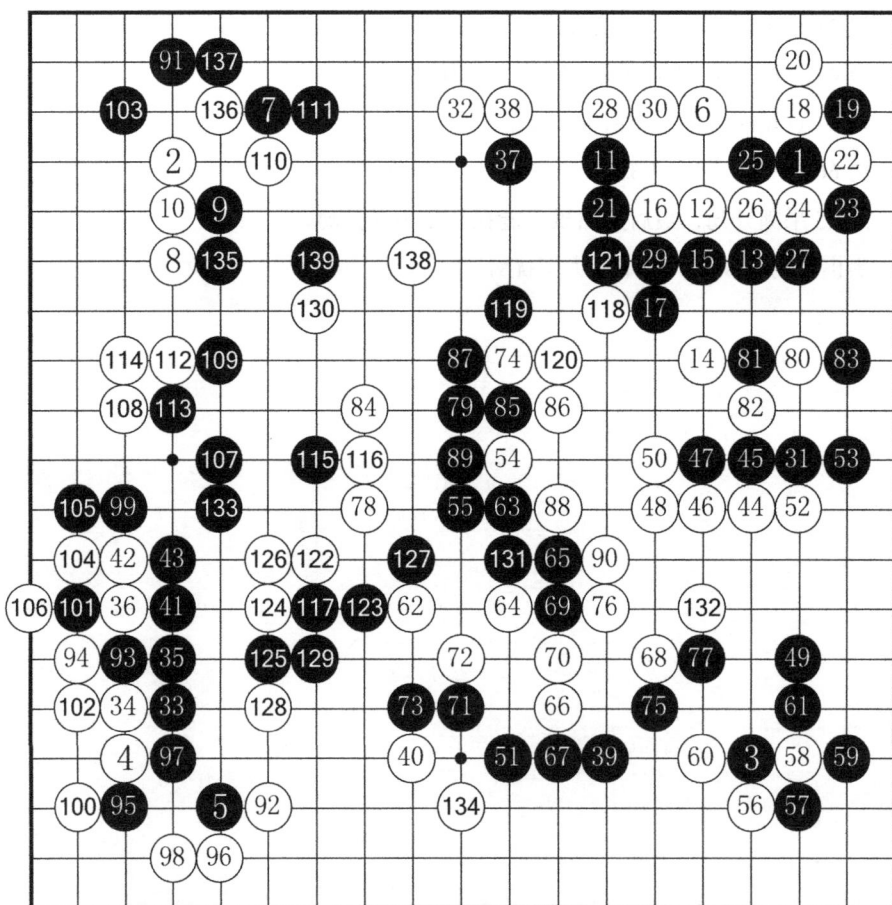

黑 9 先点，人类是不会这样下的，损目的感觉。

到白 20 是老定式，黑 21 压住紧凑。

黑 31 选点引人注目。

黑 39 星位也是高拆二。

黑 55 利用厚势尖冲，看着亲切。当年第一届中日擂台赛上，我对小林觉下出过类似的着法，就当 AlphaGo 抄了我的招。

这样的中央尖冲一旦下对了，对方就很难应。硬冲很容易被黑方顺势而为的。

白 56 只好另寻他法。如果不是 AlphaGo 还有可能应错，实战黑棋 63 贴住，始终抓着主要矛盾。白棋中央一下子被冲垮了。

黑方：常　昊　九段

白方：Master

地点：野狐围棋网

贴目：6.5目

手数：178

结果：白中盘胜

AlphaGo 网络世界大师对局第 58 局

AlphaGo 改变了下法，从 8 位压出。

黑 11 应该直接 12 位点三三。实战 15 位小尖缓手，被白棋 16 位飞压之后，形成了白棋绝好的配合，左边将黑棋彻底地压低，变成了重复的形状。

白 26 先断考验黑棋，然后 28 断，32 先手顶住角。到 38 位上边夹了之后，42 位先手扳。白棋达成了争先手的目标，走到了 44 位的紧逼攻击，成果很大，优势。

黑 45 断，白 46、白 48、白 50 弃子，大局好。几乎是教科书上的手筋定式。

白 54 跳细腻，比 59 位挡好。

优势后的 AlphaGo 下得很稳健。

白 64，判断好。此时直接三三位定型，一举将棋盘缩小了。

白 82 跨出战斗，转换后，白棋更加扩大了优势。

黑方：Master

白方：周睿羊　九段

地点：野狐围棋网

贴目：6.5目

手数：161

结果：黑中盘胜

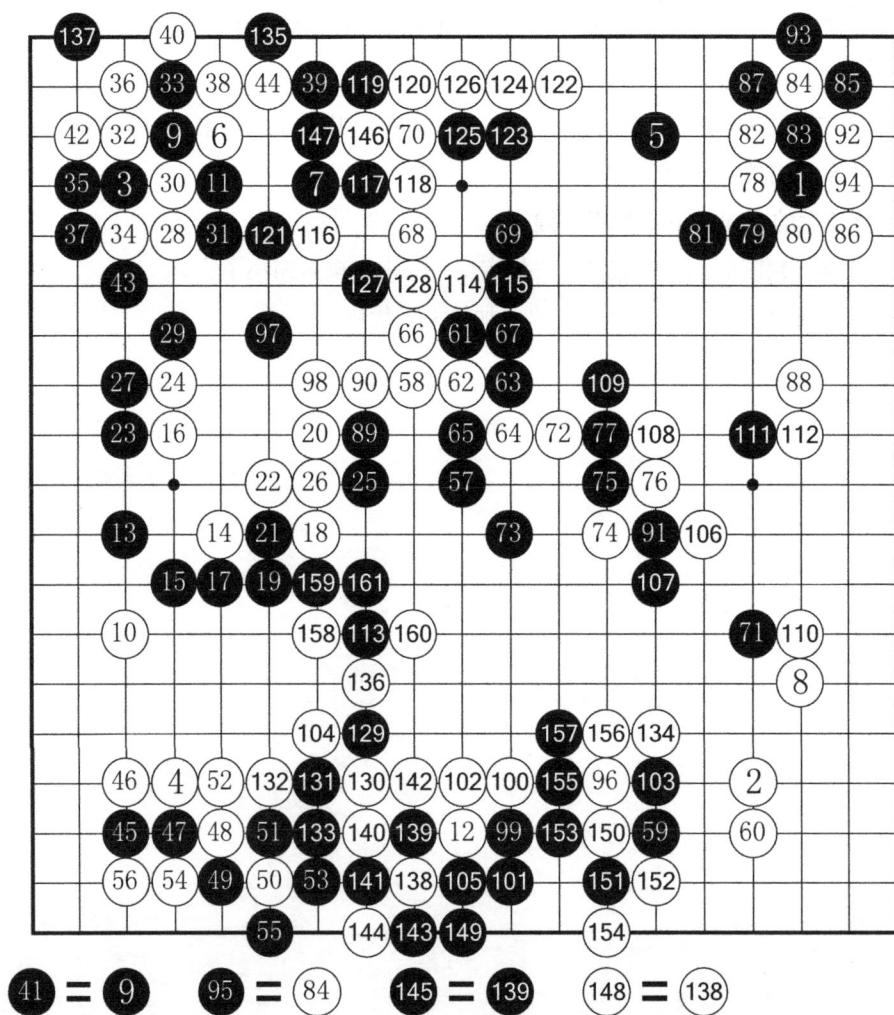

41 = 9　　95 = 84　　145 = 139　　148 = 138

AlphaGo 网络世界大师对局第 59 局

周睿羊九段对 AlphaGo 的着法学得比较多，被称为"阿尔法羊"。

到白 12 下成非常有趣的布局。

黑 13 紧逼，AlphaGo 判断这边大。

黑 15 尖出后，黑 23 肯忍耐渡过，对于 AI 来说，主要考虑的是效率。

白 14 如果在 111 位拆，担心黑棋在 14 位跳。即便如此，也是想在 14 位跳的。

白 24 想在 27 位扳，如果黑 24 断，白 23 下面打吃后退，可以在 121 位形成绝好时机的引征。据周九段说，当时的读秒影响了判断。确实，30 秒一步的时间对人类是很大的考验。

黑 39 反击是基于好的判断。

黑 59 难以理解，首先给了白 60 在 63 位跳的机会；其次，同白 60 的交换也不见得便宜。白 60 错失中央 63 位跳的机会。

黑 61 狠，好棋。71 积极，中央夹白棋自补一手不大吗？追求更高的效率。

黑 75 正面作战，对白右上 78、80 的引证也用最强硬的着法应对，说明周九段追得紧，棋局精彩。

黑 99 又是争地的强手。白 102 不敢在 105 位挡下，黑方有 102 位断的强手，中央不活。

本局周九段下得好。

黑方：古　力　九段

白方：Master

地点：野狐围棋网

贴目：6.5 目

手数：235

结果：白 2.5 目胜

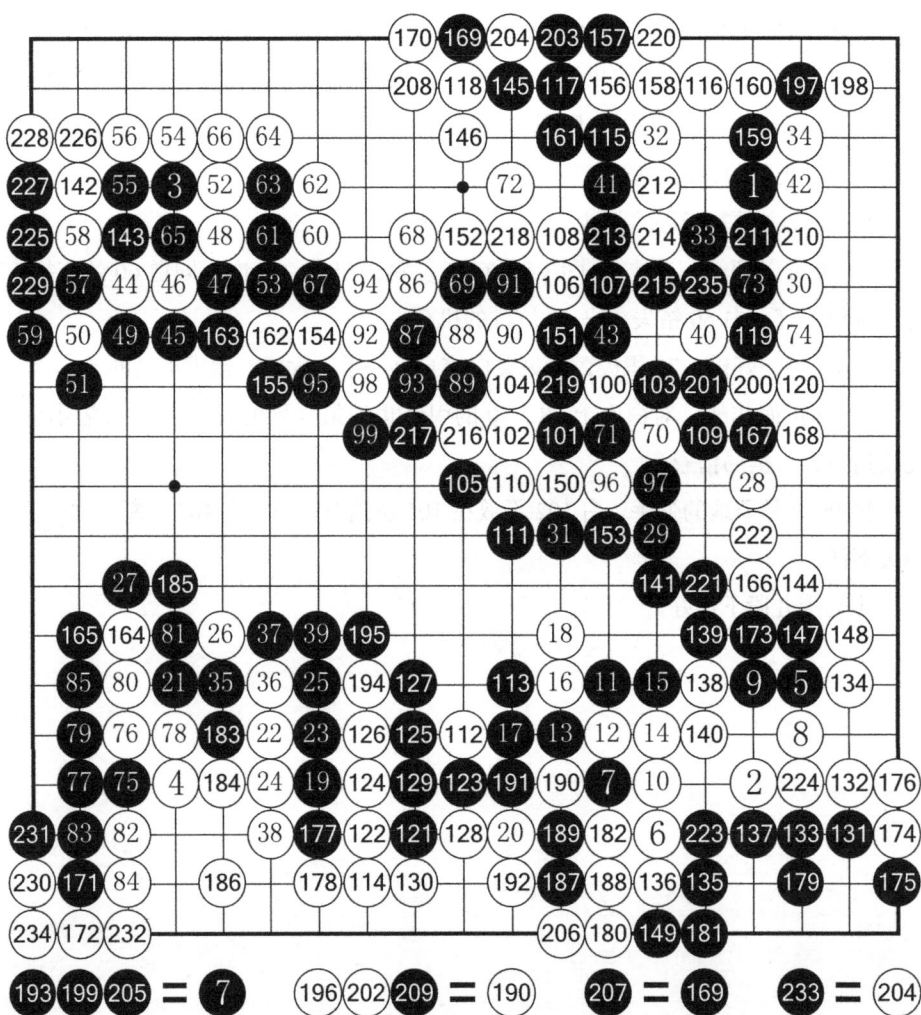

193 199 205 = 7　　196 202 209 = 190　　207 = 169　　233 = 204

156

黑 7 学 AlphaGo 的着法。AlphaGo 给出的应对是 8 位顶了之后，在 10 位上贴，保住自己的大角。

白 16 正面作战。白 18 挺头，当然的一手。

白 20 耐人寻味，一般情况"敌之要点，我之要点"，本局面白 20 应在 21 位，黑棋也不会在 20 位应的。

只能是 AlphaGo 本身就认为 20 可以继续追击黑棋，是大的一手。

白 22 亮出对这个形状最具杀伤力的下法。

白 26 飞出，让黑 19、黑 23、黑 25 发挥不出效率。

黑 33 小尖，AlphaGo 还没有这样应过。

白 40 的着点有意思，还不着急进入。

白 44 时，黑 45 采用中国古法"倒垂莲"的手法，白棋重视角地，抢边空。

白 70 开始收空。

本局内容多，要是 AlphaGo 放开数据，让我们看到各种可能的参考图，让我们对比一下，学到的就更多一点。

黑方：李世石　九段

白方：AlphaGo

地点：首尔四季酒店

用时：基本时间 120 分钟，读秒 60 秒三次。

贴目：7.5 目

手数：186

结果：白中盘胜

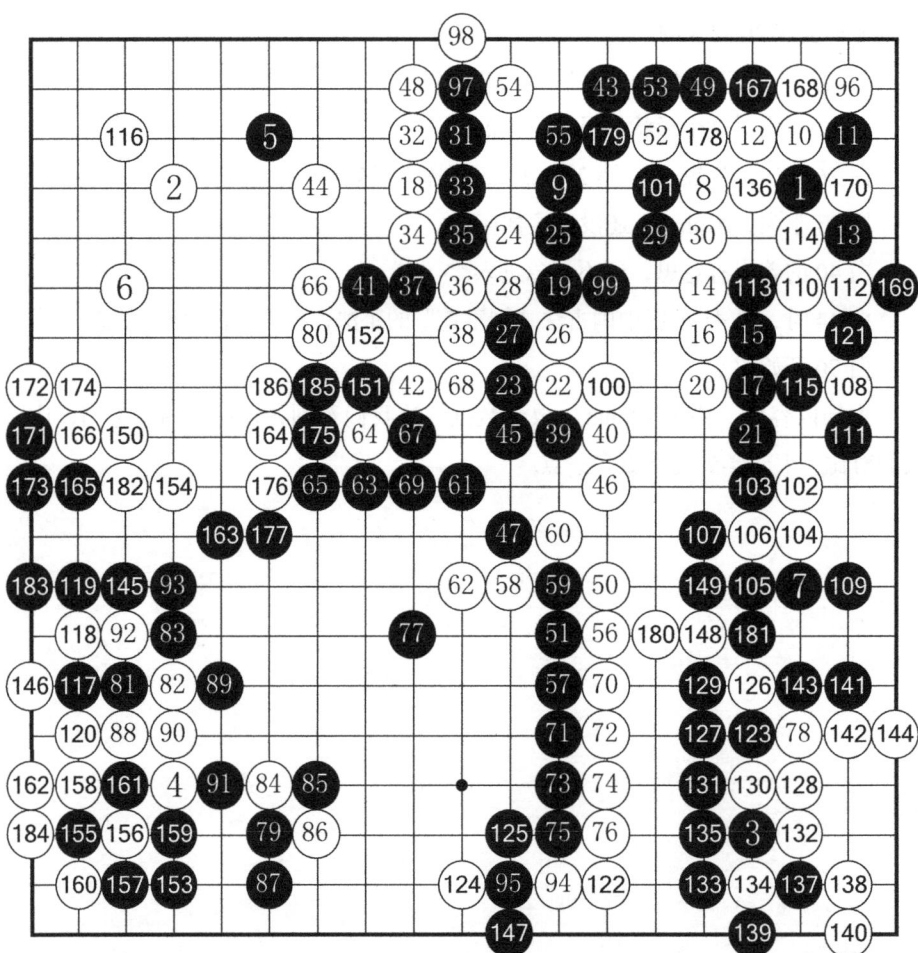

AlphaGo vs. 李世石世纪人机大战第 1 局

AlphaGo 初次亮相与顶级棋手对弈。

黑 7 少见，白 10 托后，14 跳一举抓住黑棋形的弱点。

黑 15 应该于右一路刺，白 30 后，黑 18 优于实战。

实战白 18 后，乱战。当时的小李或多或少有些轻视 AI。

白 80 是胜利宣言。

黑棋该在 107 左边点刺一下。

白 86 坏棋，转到 102 手时，白棋好。

在很多观战的职业棋手还没有意识到的时候，AlphaGo 已经领先了。

黑方：AlphaGo

白方：李世石　九段

地点：首尔四季酒店

用时：基本时间 120 分钟，读秒 60 秒三次。

贴目：7.5 目

手数：211

结果：黑中盘胜

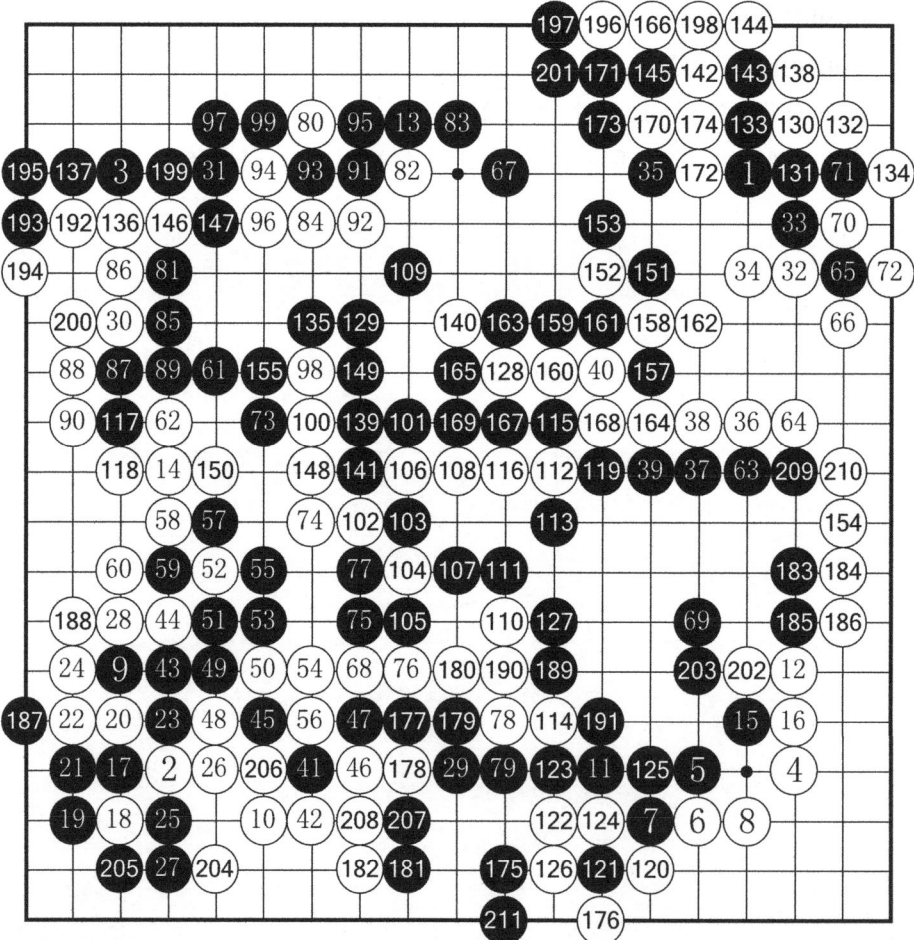

156 = 52

AlphaGo vs. 李世石世纪人机大战 2 局

黑 37 是天才的一手，像是吴清源老师从天上传回来的。

白 50 应该先在 206 位打吃，黑棋不好。

这个时候的 AlphaGo 还是有弱点的。

白 64、白 66 缓着。黑 67 补后越干越好。

白 80 打入，黑 81 判断太准了。

很多时候小李的胜负手是有可能奏效的，但这次……

黑 87、黑 89 捞到空，99 回吃到，黑棋进入领先。

黑方：李世石　九段

白方：AlphaGo

地点：首尔四季酒店

用时：基本时间 120 分钟，读秒 60 秒三次。

贴目：7.5 目

手数：176

结果：白中盘胜

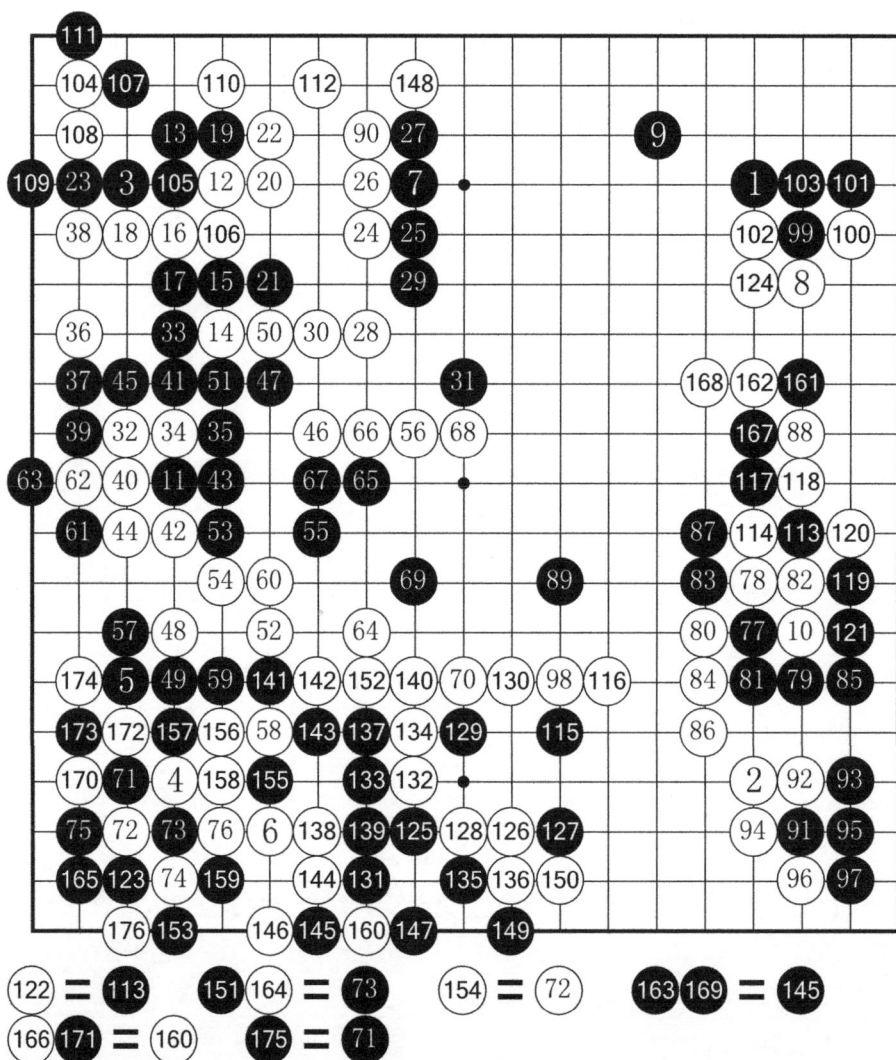

(122) = ● 113　　● 151 (164) = ● 73　　(154) = (72)　　● 163 ● 169 = ● 145

(166) ● 171 = (160)　　● 175 = ● 71

白 32 宣示胜着！

黑棋非常难下，这盘是小李失去平常心之后的溃败。

局后看黑 15 断过分了。

白 22 以后，24 出头，黑棋没有捞到实际的目数。

白 32 抓住了形的要点，让黑棋只能一步步连，白棋一下子就领先了。

黑方：AlphaGo

白方：李世石　九段

地点：首尔四季酒店

用时：基本时间 120 分钟，读秒 60 秒三次。

贴目：7.5 目

手数：180

结果：白中盘胜

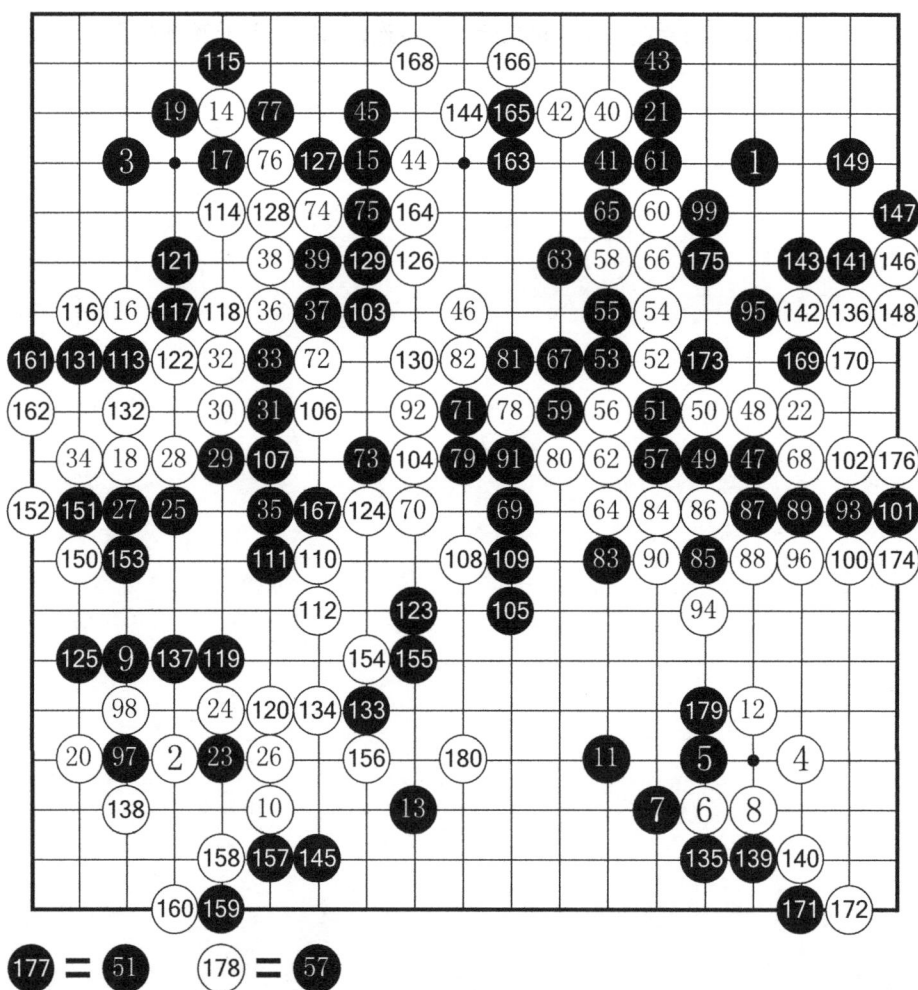

177 = 51　　178 = 57

164

AlphaGo vs. 李世石世纪人机大战第 4 局

白 24 也可以直接挡应。

黑棋行棋可谓"行云流水"。

白 40、白 44 碰后，46 飞出胜负手，无愧于 AlphaGo 的对手。

黑 47 缠绕攻击，找出头绪，选出了好计划。

白 78 神来之手，也是最后试黑棋的机会。

如果黑棋应对，白棋还是不行的。当时的 AlphaGo 留下了弱点。

在很长的一段时间内，也许这是人类棋手的唯一胜局。

不过，这个时期的 AlphaGo 还是有些弱点的。

黑方：李世石　九段
白方：AlphaGo
地点：首尔四季酒店
用时：基本时间 120 分钟，读秒 60 秒三次。
贴目：7.5 目
手数：280
结果：白中盘胜

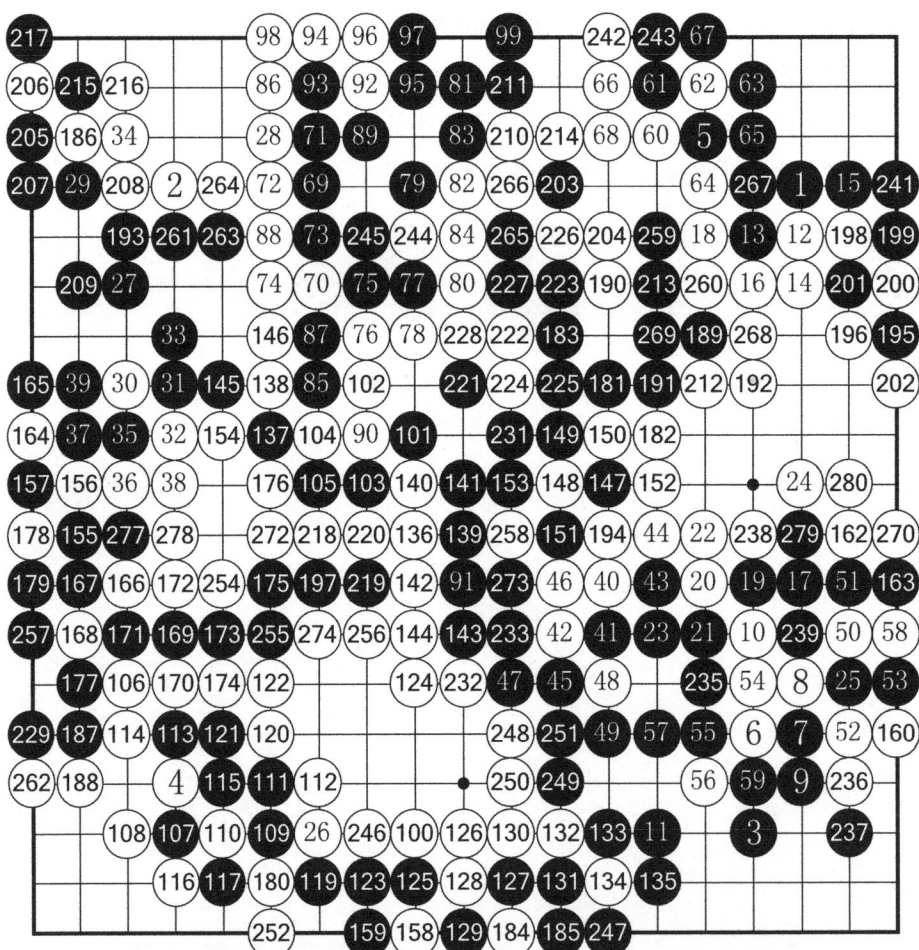

AlphaGo vs. 李世石世纪人机大战第 5 局

本局双方都下得很棒。

一上来小李就在右边吃亏了。

还是有很多棋手认为当时右边的黑棋也不错，经过一段时间的实战，基本上趋于认同白棋便宜的结果。特别是意识到白 18 打住的重大。

这种现象很像当年吴清源老师下十番棋时，下出的一些新手，一些改进的定式。经过一段时间的实践之后，大家明白了吴老师前瞻性。

第四篇

〇●

师说

打谱——和大师们对话

　　每到长假，给孩子们布置的作业里面，最重要一项就是打谱。打谱为什么重要呢？我曾跟孩子们说过："你们每次隔一个星期来上老师的课，绝大多数时候，见不到老师。用功不用功，其实要看你们自觉性的，当然这个自觉性还需要家长的辅助。"最重要的一点，是想让孩子们明白，围棋是给自己学的，一切的学习都是给自己学的。这个时候打谱就非常重要。我们对孩子们的要求是，进入5级以后，你已经有一定水平了，尽可能打谱，要背30手，尤其前面30手比较重要。你可以看到，名家们下棋，完全是按照棋理在行棋，按照棋的方向进程去思考的。棋手们会依据棋理，再依据各自不同的个性，发挥出自己的水平。如果孩子们棋谱背得多，视野就不同，面对一个空棋盘的时候，会根据自己的棋力配合打过的棋谱很快找到适合自己的棋路。

　　这就是我经常跟孩子们说的："一星期，只能见一次江老师，那么你自己学会了自学的方法吗？其实你可以见到不同的老师，李昌镐老师，曹薰铉老师，甚至吴清源老师。你随时可以领略不一样的大师们的作品，与他们进行精神上的交流，这就是打棋谱。"

　　在我们为孩子们选择棋谱的时候，我们首先推荐的，就是这些大师们的棋谱，像曹薰铉老师的书是我们教室常备的，还有李昌镐老师、芮乃伟老师。吴清源老师对芮乃伟老师的谱有许多解说。之所以要求小朋友们背，那是因为，其中的很多解说是经典。孩子们会受到影响，会开阔思路和眼界，会受到围棋界这些故事的熏陶。比如，擂争十番棋是怎么样的啊，为什么这么动人心弦呢？为什么吴清源老师会在那么长的时间里领先大家二十年？为什么曹薰铉老师那么了不起啊？世界冠军一个个拿回来，被自己徒弟打败了之后能够重新站起来，重新站在世界冠军的决赛舞台。为什么小林光一和赵治勋，是日本近代围棋史上的传奇呢？为什么他们是宿敌又是最好的竞争对手？两个人都是从小进入木谷门下，但是在漫长的学习过程中，小林光一奋发图强，逐渐赶上了先出名的赵治勋。两个人在日本棋坛的最高舞台上演绎了无数传奇。特别是 1985 年，在最高决战舞台棋圣战中，赵治勋在决赛前一个星期出了车祸，被汽车撞成了全身重伤。他肋骨骨折，右手骨折，乘直升机去参加了棋圣战的决赛。因为比赛日期是不会因为你车祸更改。那一局，仍然和老对手小林光一一起下出了惊心动魄的名局。满身石膏的赵老师坐在轮椅上注视着棋盘，其斗士的形象与精神令人肃然起敬。而李昌镐，则犹如戴着盔甲的罗马士兵一样，以厚重的步伐慢慢踏过前辈们的一个又一个的防守阵地。

从这些故事中，孩子们会吸取到非常好的营养，这些人物故事可以离孩子们很近，通过打谱让孩子们全方位受益。教室里还有这些围棋人物的手书墨宝，也许还没打着老师们的棋谱，就会联想到这些可亲可敬的老师。教室里搜集的这些名人的亲笔字画，小朋友经常看一看，会从精神层面受到潜移默化的影响。

孩子们不仅能获得精神力量，在技术上，也能够获得比较迅速的提高，跟围棋界代代相传的英雄史建立联系。所以，孩子们，如果你有空的时候，打打棋谱。有兴趣时看看三十手五十手之后的风景是怎么样，你一定能够吸取到很多养分。

如果想针对性地提高，各种围棋书籍都在教室的书架上等着大家。

师说——写在潘灯升段后

　　2017 年 4 月 17 日，高段班课的主角是刚刚升上 5 段的潘灯同学。死活题先摆在了棋盘上，等着先到的孩子们。潘灯同学第二个就到了，陆续来的同学们聊起了上周的升段赛。可言、天晟两位同学惜败于最后一局。不过，能够在难受的同时开始总结，这是让老师最开心的，甚至于觉得是另一种大收获。输了，咱们一起好好总结，放眼于以后，以利于再上一个台阶。有了这样的经历，在今后的人生中碰到类似的失利就不会陌生，会启动"复盘模式"，总结起来以利于下一步。估计很多家长恨不能"造"出这样的挫折经历让孩子们历练一下。

　　寒假班四明山收尾战，队际赛潘灯领衔的强队败给了可言弱旅队伍。发奖时获胜的队伍挑奖品吃喜欢的罐头后，潘灯突然奔向了"全滋味"罐头盒子，带回了家。此后老师们明显地感到了潘灯的暗暗使劲。尽管还有捣蛋的事，但潘灯更多的是记录自己下得有问题的下法，听老师讲解时跟自己较劲，问的问题体现了他的思考深度，进入了会利用平时的琐碎时间，思考自己怎样才能有更好的状态。他有了自己的目标，懂得了让自己进步的方法，捣乱的事暂时有点顾不上了，老师当然不能公开表扬他，那等于是看穿了他的苦心，聪明有个性的孩子未必喜欢老师这方面的聪明。他们喜欢暗地里较劲，明面上洒脱，在小伙伴里面有些与众不同的表现。要是被老师一眼看穿了，那还有什么好玩儿？老师要想奖励他，也要动动心思，让他意想不到，又是他开心的。这次特别奖励潘灯的就是"全滋味"罐头带盒子的精装版。

对于升段的孩子，老师会有份礼物——与他对局。一年前还是位坐不住整盘棋，下楼坐电梯会把所有楼层都按遍的孩子，现在大家能看到他认真入神的样子。对局后潘灯认真记录，知道他会想憋着劲干掉老师。嗯，好好使劲吧，老师才不会轻易被你干掉呢，这样很好。

潘灯同学的表现很有特点，他貌似不开心地告诉可心说：其实我根本不想升 5 段。升了段，跟朱予同就要平下啦。可心答："那你现在也可以让朱予同让你一先，他会同意的。"可心这次也升到了 4 段，孩子们之间才不会误解相互的意思呢，只有家长和老师有时候会误读他们，孩子们之间乐着呢。这天让老师开心的事还有，比他们还小的小师妹在家里听到爷爷奶奶高声争执时，应声而读出了吴老师喜欢的诗：蜗牛角上争何事，石火光中寄此身……

妈妈有话说——跟着江老师爱上围棋

潘灯在学校大名鼎鼎，因为他的捣蛋以至于任何一位代课老师到他们班级上课，都能准确叫出他的名字。2014 年经过排队，终于有机会把潘灯送到江老师的门下，我们既激动又担心，激动的是终于有机会让潘灯得名师指点，担心的是他比较自由散漫，会不会让老师受不了。慢慢我就发现这种担心是多余的。江老师比我们更了解孩子，最初学棋只要有机会，我们就会在课后问问江老师潘灯的情况，江老师总能一针见血地指出他的不足和欠缺，也会给我们建议，如何在学习生活中帮助他调整，但江老师几乎不谈在围棋课堂上潘灯如何捣蛋，因为江老师说他能"搞得定"。

江老师有自己的办法让犯错的小朋友反思，有办法让小朋友心服口服地接受惩罚。当然，小朋友更期盼的是江老师花样百出的奖励。最让潘灯期盼的奖励就是升段成功后与江老师的对局，升段成功后潘灯就会盼着下一次课江老师的奖励棋。对弈前他总是说我肯定输的呀，不过对弈之后他会说我在哪里下错了，我原本有怎样的机会突袭……反思之后满是遗憾，不过这些遗憾都要等一阶段长了本领，有了进步，再争取对弈的机会！

爱上围棋，生活变得更充实和缤纷！江老师根据每个小朋友的特点，耐心地教他们学棋，帮助他们看见自己的不足，一步一步长棋力，一点一滴长见识，一言一行学做人！更重要的是江老师带着他们进入了围棋的最高殿堂，让他们感受世界围棋的脉搏，让他们了解围棋最顶级的选手，让他们知晓很多有关围棋的奇闻秩事，全方位地认识围棋，走进围棋。江老师还会组织集训、比赛，让小朋友一起下棋交流，全身心地沉浸在围棋的世界中，在围棋中玩得天昏地暗。通过阅读《围棋天地》、各类棋谱传记，观看电视节目等方式，潘灯开始围观比赛、了解赛事，熟知选手排名、分析高手下棋特点，自己在网上下棋、评棋。围棋成为他的爱好。

围棋也潜移默化地影响了他的生活。比如学校老师评价他学习效率高，上课虽然要捣蛋，但是该听进去的基本不会落下。我认为只要坚持学围棋，孩子都会养成专注的习惯，差距是专注时间的长短。从学棋开始经历无数输赢，潘灯在围棋中学会正确面对得失。对于考试成绩他从不纠结，高分不得意扬扬，低分也不会受打击，面对成绩泰然自若。他会告诉我考出这个分数的原因，就好像下完棋后的复盘。他总能看见别人的长处，不以分数高低论好坏。这些特点难说好坏，但这些慢慢成为他的风格，让他成为独一无二的潘灯！

我们希望潘灯跟着江老师学习围棋、爱上围棋、享受围棋，在学棋的过程中不断提升自我，成为更好的自己！

潘灯妈妈　董艳

师说——说说我的学生天晟

　　天晟是在初中二年级的时候（业余3段）来教室学棋的。他来的时候，觉得有点意外，因为这个年龄段的孩子，一般不会再出来学习兴趣课，而更注重学业。他在课上的表现完全像是个重视学业的学生样子，自我管理能力强，规规矩矩的。大家休息的时候，他稍事休息，就会回到座位上翻看他的记录本。

　　觉得他的家长不容易，能让孩子在面临升高中的情况之下来学棋！一旦孩子面临小升初、初升高，都是选择拼分数停下兴趣课的。

　　新来的学员，我们会送一本记录本，记录自己下的棋和老师的评语，记录老师讲解的其他职业高手的对局，还有死活题。天晟显得有些茫然，以前学棋没有学过这些方法。可是如果学棋不从这些方法入手，又怎样能够"学而时习之"提高效率呢？不打谱又怎么能够体会到高手们创造出的精彩典范，妙手纷呈的绝美景色呢？我们完全可以一边陶醉享受一边学习。这才是进步途中多快好省讲效率的好方法。不过，我通常不跟孩子们讲这么多，先要求着，然后在每节课上展开。有武宫老师构思宏大的模样，小林老师讲究效率的扎实，曹薰铉老师的柔风快枪，吴清源老师的磅礴大气，林海峰老师的缜密顽强，芮乃伟老师的勇猛，李昌镐老师的厚重，李世石老师的犀利……这些围棋人物的故事就像优美的风景，孩子们只要登上观景台自然会流连忘返，受益无穷的。

　　有时想想觉得替天晟可惜，这么好的孩子，从幼儿园中班开始学棋，学棋的方法现在才上了基础。

一年好快，天晟初三啦。还想继续学棋，可是每周一次，学棋？别提同家长商量，教室离他们家远，家长对他放心得很，根本不出现在教室。我都想劝他先考好高中再说。反复商量之下，让他两星期来学一次。

新学期第一天询问其他孩子每天回家能否坚持学棋，孩子们有的说，作业多，有的说妈妈不让学别的，只能做学校的功课，反正是每天没有时间啦。确实我不强求做围棋作业，只是指出方向。在后排的天晟淡然说道："喜欢的话，总是可以挤出时间来的。"新来的两位家长妈妈一脸惊奇问我："他，他也是学生？怎么这么懂事？"

常常有朋友问学习围棋能帮到孩子们什么，讲礼懂理，注意力集中，锻炼逻辑思维，陶冶性情有效率，似乎都有。

具体到天晟，能坚持自己有益的爱好，培养出了精神强大的内心；作为老师，欣赏这样的孩子。

要让淡定的天晟着急也很容易的。每到快下课的时候常常会结合棋的内容讲这步棋在什么场合什么情况下，比如秀行老师是怎样应对的，他是怎么想出这步妙手的。这时候就会看到天晟收拾好了记录本想听，又不得不放慢脚步往教室门口挪。因为他的时间安排是非常紧的。

很想同天晟说转告你家长，你们的孩子很优秀的。又觉得不完全是那个意思。

结果临到本周围棋课同天晟说的却是："加油，高中好好考，这样就更方便学棋了。"咳，我这也太不像高段位的表述啦……天晟回答说："老师放心，在棋上学会了提高效率，会好好学习的。"

做最好的自己——如何面对比赛

这周末许多孩子要去比赛了，我让孩子们注意两点：想好再摸子；下好每一手。这两条是孩子们应该熟记于心的。实际上，不只是比赛，任何时候，你都要争取做到这两条。

这两条建议是根据不同学生的体会总结出来的。比如说，"想好再摸子"要求小朋友在对阵下棋时就先坐端正。坐端正，你就能很快进入下棋的状态，你的手就不会摆在棋盒那儿。

"下好每一手"是说下棋时不要总想着"赢，赢，赢"。因为多数人在比赛中会想赢了会怎样，会因此很激动，但最好不要去想这些，这不利于技术水平的发挥。本来你是 1 段的水平，就因为求胜心切，结果就落到 2 级 3 级的水平了。所以比赛时，包括职业棋手，都一定要记住三个字"平常心"。这也是师父吴清源送给即将与当时的最强者坂田老师对弈的徒弟林海峰老师的三个字。平常心，在围棋比赛里就是只想棋不想其他的。

有的小朋友比较活泼，有的比较安静。但是比赛前，注意都不要太兴奋，赛前碰到好朋友就又蹦又跳说很多话，这些都不利于比赛发挥。相反，老师建议小朋友们前一天晚上，就回忆一下自己平时的问题，下得好的地方，总结一下课堂笔记。在去赛场的路上，就不要再想太多了。找到一种适合自己的休息方式，也许是听自己喜欢的歌，也许做一点作业，也许和家长说说话，这些放松的办法都可以。争取早一点到赛场，熟悉比赛场地后坐下来安静地想一想自己如果拿白棋该怎么下，如果拿黑棋该怎么下。这样会有助于比赛的发挥。等到下棋的时候，是输是赢都没关系了。下完以后有机会做一下记录。另外强调一下，对弈前一定要行礼，第一是给对手的，第二是给围棋的，第三是给自己的。这是很重要的，对方行不行礼那是他的问题，你自己行礼了，就是对围棋，对自己多一份尊重。这对你自己是非常棒的。这样体会到的围棋的乐趣才多，总结到的经验对今后才更有价值。

答陈粲惟同学及家长

陈粲惟爸爸：陈粲惟同学经常说他想到哪步棋就下，通常是不经过仔细计算。即使这一手亏一点，反正都可以扳回来。我想这应该是他真实意思的表示，对于每一手，他肯定是想过了，会想起在课堂上江老师指出的"好棋"和"臭棋"（这一点可以从他课堂笔记上看到）。所以问题来了，思考过和仔细计算过还是有很大的不同，如何培养段位小朋友的逻辑推理能力和深入计算能力？烦请江老师指导。

江老师：凭经验和感觉想过了，还要不要经过仔细计算？这里有两部分：首先要唤起自己的感觉，然后要善用自己的感觉，往往会有两三个点供选择，然后你就来比较（仔细计算）。这个计算包括宽度和深度。对孩子来说，就是要考虑有没有更好的下法。这样的比较之后你也许就找到了比这个更好的下法。也许还是一样，但这个一样是有不一样的内涵的。有可能你是根据多一两条的理由不一样，一旦稍有变化，你会特别敏感，对下一步会有好处。对局时通常不会出现这一步先下下去，下一步再扳回来。你所下的每一步都是要对自己负责的。

来下围棋的每一个孩子都是想要做最好的自己，不是要和别人比。为了要做最好的自己就要把对方想得和你一样强。你要时时刻刻想到：对面坐的对手和你一样强。这样，即使你输了，你会输得很开心，因为你学到了不一样的想法。最怕就是，只是因为你出现了更多的失误，下了很"臭"的棋，变成了一个很"臭"的自己，这样输了才会哭呢。

很多家长总结的经验都很棒。比如孩子下午要考，中午就安排他睡一觉；或者中午吃饭随孩子的意让他吃得好一点。这时候再跟他讲下棋要认真，教给他认真的方法（比仅仅是强调认真，效果要好得多）。下完棋，帮孩子总结，不仅仅因输赢而论赏罚，也不是放羊不管，错失了总结的最佳时机。这样孩子就比较容易接受。希望每个孩子能够借学围棋，学到最好的学习方式。也希望家长借学围棋找到与孩子们最愉快的沟通模式。

关于礼仪和做最好的自己

我们来比赛，是通过对手的测试，来看到一个更好的自己。我们做的所有一切，都是为了让最好的自己呈现出来。所以对方行不行礼不重要，对方对围棋尊不尊重也不要管，我们是要让自己处于这样的状态。处于这样的状态，你就很容易做到想好了才摸棋子，想好了才会下好每一步。而想好并不包括一定要赢，最重要的是要做一个最好的自己，做一个让自己最满意的自己。

我们肯定不是想要一个因为自己马马虎虎，对方不是很强，只是由于自己的疏漏而输掉的对局。这样我们会觉得不是输掉了对局，而是输掉了自己。而做到了上面所说，你对自己就会非常满意。因为你付出了努力，能让自己看到收获，虽说还不是立刻能看到；你还能把你的付出用记棋谱的方式记下来，以后讲给自己听，给家长听，给老师听。每个孩子的目标肯定不仅仅是停留在眼前升一级升一段上。我们的目标是在后面，是在 5 段和 5 段之后，是在借学围棋明白更多的道理。所以，孩子们，我们依然赢了开心，输了难过，可是我们都会记谱总结，让输赢变得更有价值。我们要做的是那个最好的自己，只是我们想让自己尽可能早点达到那种状态。

孩子们，学围棋，很好玩。我们好好享受每一天的成长吧！

第五篇

○●

棋如人生

以棋会友——骑着自行车的林海峰老师

你有没有见过林海峰老师骑自行车啊？我是头一回。日本 JR 电车，下午 5 点半的时候，因为在津田沼一带有人掉到了铁轨上，中断了行车。那会儿我正急着从日本棋院赶往代代木。因为林老师说好了 6 点钟在代代木车站旁边的一个日本餐馆请我。好在差两分 6 点的时候我出了代代木的车站。迎面就看到了高大的林老师，那么慈祥地向我招着手。顺着找旁边当然就有林师母，推着辆专车来接我。接着林老师立刻回身后，在十二三米的地方推了另一辆专车。这个让我觉得太诧异了，林老师骑自行车！好在东京人比较规矩，司机让人。随后我们去了车站对面的日本料理店。哇，想起来，怎么忘记了拍日本料理店的名字。这家店 20 分钟后就满员了。

问林师母今天怎么会空下来，孩子们呢？现在的林老师孙辈有 8 位小朋友，林师母常常要帮着带他们。其中已经有 6 人开始学棋，在外面上围棋课，棋力都各不相同。林老师说大的 8 岁多了，只要被吃子他还是不高兴。由小朋友学棋这个话题聊到了吴老师小时候，林老师小时候，张栩小时候。

那时候，有许多小朋友想到林老师家做弟子学棋。结果，后来选了张栩、林子渊，他们 9 岁左右来到了林老师家学习。小朋友们入段竞争很激烈，张栩有两次，入段比赛成绩不好，正好那个时候他妈妈来，看到妈妈，孩子想回家去。依林老师的眼，早就看出这个徒弟的才能了。林师母劝说他妈妈，这几天跟孩子住一块儿了，可以好好聊一聊再想想清楚。要知道一旦退出日本棋院那是再回不去的。这事如果由着小朋友的心情，可能就只想回去了。陪着住一段时间后请张栩的妈妈先回去，回去之后如果过一阵子家里面还是这个决定，那，再来接。

结果嘛，就是以后大家知道的，日本棋界第一人又是一位中国人。我们还聊起了那时，每到林老师关键的时刻他都会去向师父吴清源老师请教。那故事就多了，平常心、模仿棋中的模仿碁，扳倒坂田老师获得名人的前前后后……一幕幕英雄故事，还夹杂着少年林海峰、工藤两位小朋友说是用功下棋去，实际上去玩儿，掉湖里没法自圆其说的故事……平时不太喝酒的两个男人不顾林师母的强烈明示，毅然要了第二瓶清酒。

林师母说："江桑，你怎么那么清楚吴老师林老师的事，比我知道的还多？"我说："他们是英雄。是我小时候就喜欢的英雄。"

不仅仅是围棋上，棋里棋外，为人做事，他们的故事一直激励着自己，比如林老师小时候怎么学的棋，碰到瓶颈的时候怎么办，遇到吴老师之后他是怎样带他，林老师又怎样带张栩。听着，想像着，感受着一个个具体的例子，加上林师母的视角，两个字——受益。

林师母问起了教孩子的经验，6个孙子辈孩子在学棋，完完整整是一个小班。我分享了如何调动不同个性孩子兴趣的经验。林师母突然说："要是你还在东京就好了，全部交给你。"听到林师母对我教孩子经验的肯定挺开心的。我说把他们教到一定程度，这个自信有的。但是要是教成张栩那样的话，那要林老师才行。林老师一边说当时乃伟同张栩下了很多指导棋，也是张栩的老师，一边同我碰杯，这下坏了，酒瓶都空了。我们看看林师母，师母这回很坚决，你们不可以再喝了！好开心，同林师母在一起连酒量都大了！

以棋会友——棋手、棋盘师的相逢

2016年6月8日上午10点过后，我们出现在宫崎绫町熊须家大仓库前的停车场，仓库大门敞开着，静悄悄的，望进去到处是木头，半成品居多。宫崎绫町榧木世界一品。熊须家在此做棋盘已经历经三代了。

对街沿小街道的房子，客厅已经成为棋盘最后完成品的工作间。从窗口望进去，棋盘师熊须健一先生正在自己常坐的工作位置上削筷子。

这次来熊须家我们计划已久，一直因为时间的问题推迟着。三年半前，在寻找日本棋盘师的过程中，来到过绫町熊须家。

几年来，在往棋盘背面写毛笔字的过程中发现，只要是做好的棋盘都上了蜡保护着。无论采用怎么样的去蜡技术，再往上写，总是有些难写。不容易发挥毛笔字的特点。一旦写错，又很难改正，唯一的办法是推掉重写。

同熊须家请教过之后，熊须先生说："最好的办法就是你们来绫町我们家写。可以为你们准备好棋盘，待写好之后再封蜡保存。"

见面行礼之后，熊须先生帮助搭好了台子。我们开始铺上毡子，拿出笔，墨是东京"广悦堂"推荐的"玄宗"牌，乃伟带来的。借来砚台，试写在纸上。研究排版之后，我率先写了"守拙"，然后署名（感觉比所有写过的棋盘都好写，只是感觉走笔略过于顺畅）、盖印。印泥是为榧木盘配的速干印泥。配在榧木盘上，好看。如果不是在熊须家写，已经封过蜡的棋盘上就出不来这样的效果。

健一先生始终边削筷子边笑眯眯地看着我们。

长男丰和协助我们将棋盘搬上台子写，搬下台子放好，间或说："两位老师的毛笔字写法跟父亲不一样啊。"

换乃伟写，她的感觉是比熟宣还略滑，好写。

丰和搬走写好的再搬进未写的。我给写好的盘照相微信传给在杭州的刘正杰老师看看整个棋盘上写好的感觉，发现棋盘上吸墨阴干的速度很快，不积墨。说出我的发现后，老爷子开心地说："那是加了胶的成分啊。"

丰和带我们去看榧木树林，从绫町他们家出发，沿着小路一路往山里去，大约开了 10 分钟之后就进了山，后面的十几分钟，因为小雨，从山谷进去的时候整个雾很大。开到山的里面之后，有一处停车场，稍微大一点。

在停车场那儿停车的时候就看到了，山坡上写着"25 世纪林"，原来这片林子就是已经种了 70 年的榧木。想想真是了不起，因为榧木需要几百年之后才能成材，这是 70 年前的人们就已经预计到，今后的榧木会越来越少，所以特地种下留给 25 世纪的人们来采用。榧木长得慢，所以它们就长了杉木树林中。这些杉木一棵棵都很粗壮，像照片里显得那样，但实际上，它们树龄要比榧木短，杉树成材快。所以，留给了杉树成材时所需要的空间，榧木就这么花插着，安安静静的，待在这一片，与杉树林和谐相处。

想想真是让人感慨，因为即使是宫崎县，在近百年里来所采的榧木，也是不少了。因为这个原因，宫崎县人为后面的人，为子孙子子孙孙，为后代着想，让他们也能够用得上榧木。这里还有一处游览胜地——吊桥，吊桥架在山谷的最高处，距离下面的峡谷底有 140 多米，站在中间还是让人有点心颤。丰和指着山，山上树林比较茂盛，他说在这个山的背面有一些榧木树。

榧木已经早就不让采了，那些榧木树也只有看林的人才知道长在哪里。平时也很少有人再去打搅这些榧木树了。现在在市场上还能够出售的榧木树很少了，通常都是因为自然灾害，比如风灾、泥石流的原因倒下来的树。

从山上下来的路上，丰和带我们去了专门经营屋久杉的一个地方。那里全是屋久杉做的工艺品。并不是屋久岛的杉树都能叫作屋久杉。杉树起码是要上千年的杉树，才能够称得上屋久杉。在这里，我们看到了 3000 年的杉树，做成的棋笥，那真的是漂亮，美感十足。标价是 150 万日元。感慨这次银子不足啊。

等到我们再回来继续写的时候，熊须健一先生对乃伟写的围棋的"棊"字发生了很大的兴趣，原来日本的"碁"字下面是个石头的石，而乃伟写的"棊"字是下面是木，他说他喜欢这样的"棊"字，"棊"乐无穷，乐在"棊"中，下面是木字，而木字跟他做的榧木有关。

再写写就接近 6 点了，大家准备好好吃一顿，他们建议到宫崎城里去，相对于绫町这个 7500 人的小镇，宫崎县城有很多好的餐馆，那我们客随主便，去。我们一辆车，沿着河边，衬着有晚霞的天空，一路聊着，往宫崎城开，经过那个河边高尔夫球场。我们一路上聊着跟围棋有关的事情，他们还问了我们俩 AlphaGo 的事。我们问他们棋盘棋具的知识。去县城开车 30 多分钟就到了。

餐馆是很传统的日本餐馆，典型的日式料理，不仅有生鱼片，还有虾有鱼有蟹，他们同餐馆看上去很熟悉的样子。服务人员都穿着和服。餐馆用的榧木筷子当然只能是熊须家特供的。

老爷子觉得每个棋盘都有他的生命。都是要很用心地去做。要依据相互的纹理纹路拼好，而且他从不刻意去回避树疤。榧木的颜色也是，不必去刷任何漆色，榧木的原色随着岁月流逝自然会带上深些的色，那样的棋盘就更加有岁月的味道。关键是要精益求精做好，很多其他店的棋盘让熊须家重新再修理，熊须家的棋盘就不会有这样的事。

我们聊到了宫崎出身的棋手上村阳生九段。上周四刚刚在日本棋院见过，老爷子说上村老师曾经介绍过一位客人，买了熊须家做的一块带腿的棋盘，2000 万日元（合 20 多万美元）。

晚饭中途我去付账，付不了。熊须家打了"埋伏"，关照过店家，不让我们家付钱。我晚上回来在朋友圈发了这段话：今天的晚饭很失败，说好的请熊须先生一家，去了很好的餐馆，吃了很好的料理，宫崎笋宫崎牛宫崎蟹宫崎生鱼，聊得很开心，结果中途遛出下楼去却付不了账。熊须夫人早就做了"埋伏"，被请了！我们今天失礼了！与熊须家做朋友，很开心！明天继续写字。

休整一夜之后，早晨在绫町农家乐里吃日式早餐。边看微信上朋友们的留言，有些想订棋盘，同时想要指定的字。还有一些朋友，也很有意思，特别喜欢棋盘背面有点树疤的部分，说这是特别的。就像做紫檀等手串，包括就像屋久杉那个棋罐一样，越是有疤的那些木头越贵重，价格越高。还有些朋友，就直接把自己想要的词说出来了。比如，有些朋友就想要看我们俩合写的，所以第二天早晨我们一来就写了"守拙""入神""通幽"，包括"注解"。

还有一些喜欢以棋会友，"舍得""初心""不动心""乐在萁中"，觉得这些词看上去，更加适合他们。所以我们都一一记下了，想想这些词，真的蛮有意思的。似乎是在说围棋，但，似乎也有别的意思，不仅指的是下围棋。像"浮生半日闲"，这个就是有一种禅境了。在中国，这是古代文人们比较喜欢的话，不动心好像也是禅语，所有这些写来的时候，熊须健一先生都挺开心的，我觉得有些意思他知道，而有些意思，他不是很清楚。让我们意外的是"深奥幽玄"他特别喜欢，因为他觉得这个词他见过，但当时看的时候没有完全看懂。我们告诉他，在日本棋院最好的对局室内"幽玄"是川端康成先生写的。

我们早晨正在写的时候，又来了一位很有意思的人——黑木先生。他是在日本做棋子特别出名的。他来是因为有客人订蛤碁子，同时订棋盘，有些棋盘会有些问题，要修理就拿到熊须家。黑木先生也是很早就认识的朋友，大家聚在熊须家觉得也挺有意思的，可以说是一下子棋坛盛会了。

中午吃了熊须妈妈亲手做的乌冬面工作餐。我们商定晚上全体去吃九州最好的鳗鱼饭。原来定下的是下午早些走，现在改为下午四点去吃百年老店的鳗鱼饭。因为那家店太有名了，晚去会儿没有位置的。

要带走的棋盘，下午上蜡。

豊和上蜡非常具有节奏感，完全是像作画，当然这就是在作画，非常具有美感。

老爷子在旁边给我们补充解释说："我们做的棋盘，一向是要这些工序都做到，不像现在的日本，有些棋盘不是手工的，不拿太刀盛划线，有些人涂蜡不加热，也不是这么多工序，也不是这么认真。一道道工序马虎了，棋盘就会出现需要修理的情况，这个时候再怎么修理，都不如在做的时候，一道道工序都做对了，这样，才是做对了棋盘。"

因为棋盘被我们包圆了，熊须家想留一块盘也只好想跟我们借。先拿了一块做好了上了蜡的棋盘，拿药水搽蜡效果也不够好，只好跟我们借，我们写一块盘送给熊须家，"动须相应"，这是围棋十诀里面的词，当年吴清源老师曾经特地为他们写过这样的挂轴。里面有熊须家的"须"字。

3点半左右棋盘都写完了。熊须老爷子又提起了"深奥幽玄"。乃伟提笔写给了熊须家。第一次觉得奥字有点洇，又重写了一遍，结果，两张都被留下了。

老爷子高兴拿来了自己二十多岁时立志要做棋盘时，抄写的如何做棋盘的长副手卷小楷，很多地方都残破了。一手好字，我们说想收了修复好给中国的朋友们看看，立刻送给了我们。

大家出发开着三辆车去半小时以外的地方吃鳗鱼饭。结果到了鳗鱼饭店的停车场一看，哇，非常大，还有专门等的地方，结果鳗鱼店是栋小小的小2层楼，这家店已经有100年以上的历史。只做鳗鱼，其他不做，也不准备扩大，这停车场不停地扩大，每天就开这么几个点？您看宁可让人等着！鳗鱼饭，真的很好吃，是在日本吃到过的最好的鳗鱼饭。

一进门我看菜单，大家都很客气，都要点中。我说不行，应该是我们所有人都点特大。大家客气了一番改为女士大，男士特大。结果就是吃完之后，我们在停车场走了十几分钟，散步、消食。

豊和快吃完的时候问我们今天晚上准备住哪，我们说没有定下住的。他说："啊！"我们说明天下午福冈的飞机离这里4个多小时车程，我们反正走到哪里住下就是了。他说："你们也不预订旅馆？""这样我们才能够走到哪里算哪里，反正向福冈机场方向前进就是了。"他说："哇，我们出差可不敢这样，我们一定是都订好了。"

告别后，我们散了一大圈步之后，开出没多久就发现这里风景非常好，在宫崎县与熊本县交界的地方，深山里有条河，非常漂亮。看着这条河，迎着夕阳，开开车就觉得非常美，慢慢觉得，卸下来了所有的事情。开不动了，中途在一个地方休息，还真的睡了一小觉打了个盹，然后再接着开，开了将近两个小时后到人吉市。就在我睡着的时候，乃伟在网上找到了一家旅馆。当天放出来的房间，还打折25%，所以我们就在人吉停了下来。歇下来之后，回味一下，觉得这是场非常愉快的写榧木盘经历。

安顿下来之后，沿着人吉市的河边散步，天上还挂着月亮。我们感慨日本有很多这样的工匠。做鳗鱼饭，就把鳗鱼饭做到了极致；磨豆腐，就把豆腐争取磨到最好；做羊糕，就争取做到既好吃又好看、色香味俱全。这样的习惯已经是一种精神，熊须家把棋盘，将一个看似简单的活做到了最好。盘顺着树木的天性，把不同的榧木树最合适的部分，最合适的木纹拼在一起，把它做到了极致，有幸跟他们一起，在他们将做好的棋盘上写字，配上最合适的墨、印，真是缘分。

　　我喜欢围棋也喜欢围棋文化，非常喜欢围棋界前辈英雄们，他们在比赛中留下棋谱供我们学习，在棋盘上留下非常好的毛笔字留给我们念想，激励我们。自己手里收藏有吴清源老师的字，秀行老师的字。1974 年本因坊挑战赛，坂田荣男老师挑战后辈石田芳夫，那次裁判长是桥本宇太郎老师，裁判长写下了"天心"，然后我直接拿蜡把这块盘封存好了。直到今天，每次看这块盘，都像当时写好时那么栩栩如生，能体会到当时他们这几位老师在一起，那种因为围棋而欢乐的气氛。而这一份欢乐也影响到了后人，影响到了我。这种精神也一直激励着自己，像前辈们能做到的那样，我们要向他们学习。而另外的一些，比如秀行老师签名的盘，因为做工，因为没有及时上蜡，或者蜡上得不够到位，或棋盘前面的工序不够，签名之后，那些字就渐渐地淡去了，让人觉得非常可惜与遗憾。

探访国手的故乡——2016国手山脉杯国际围棋大会纪行

2016年8月2日

从维也纳飞了12个小时之后，抵达浦东机场，我跟乃健要带领铸久会的百人大团赴韩国参加国手山脉杯国际儿童围棋大会。出关后到达出发厅，迎面走来穿着铸久会T恤的孩子们、为组织这次活动辛苦付出的家长们、国旅的领队们，当然还有扛着"长枪短炮"的摄影师妈妈们。很多小朋友非常开心、兴奋，头天晚上睡得很少，第二天闹钟一响就都爬起来，期待着去韩国参加活动。在飞机上，有些小朋友忍不住开始打电游。我跟他们说，如果你还有精神的话，应该看棋看谱，准备接下来的比赛嘛，抓紧每个琐碎的时间让你的脑子用在比较有意思的事情上。

一出仁川机场，就见到接待方的韩国姑娘们。她们不仅年轻、漂亮，中文也讲得很好。然后分坐3辆大巴，大家向着驻地出发，我们被分在了A团的大巴上。

吃中午饭时，因为我的那份面要到第二锅才能煮好，就先闲逛起来。闲逛期间进来一拨人，我最先看到的就是常昊。看来常昊的体形已经跟我接近了。同常昊老师合了影，发到了网上，我们这些小朋友就更开心了，因为看到这么多熟悉的棋界英雄。晚上，到达驻地，天都黑了，先吃了牛肉炖锅饭，大家分到了围棋扇和汗衫等礼物，也知道了其实有更多优秀的棋手来参加同样的活动。没有跟棋界英雄合上影的小朋友感到很遗憾，而合上影的都很开心。分好房后，大家看上去还都没有睡意，很多人开始摆棋下棋，这真是非常好的学习气氛。

好了，今天就要为参加正式的比赛活动做起准备了。

2016 年 8 月 3 日

在国手山脉杯的开幕式上，曹薰铉老师来了，这是他的家乡，也是他就任国会议员之后，参加的家乡第一次大型活动。孩子们见到他，都很兴奋，紧跟着就是比赛。在比赛之前我已经叮嘱过孩子们，一定要注意围棋文化与礼仪。出发前我跟孩子们都讲过这些，在跟对手下棋之前要记得鞠躬行礼，这些孩子们做得都不错。

另外让孩子感到非常兴奋的就是，这是他们第一次坐在国旗旁边下棋。这与平时是不一样的。好在我们的小朋友们很快就镇定下来，投入到比赛中了。

这个得益于平时的训练。"想好再下，下好每一步"，孩子们能记住这句话，对今后的人生会大有帮助。

开幕式一结束，我就等在旁边想同曹老师讲几句，前一段三星杯赛时，乃伟来韩国比赛，给曹老师一家带了一些点心，因为没有及时拿到地址就没寄出去。曹老师把电话写给我，直接写在了扇子盒上。当然，也是我的私心，想让曹老师在我们铸久会 T 恤上签个名，结果曹老师非常配合，并提议到旁边找一个能铺下来的地方写，这一下就把我们铸久会在看台上的家长们吸引来了。签完 T 恤，我就不好意思再麻烦师叔他老人家签名了。这个时候在一旁的家长们，早就备好了曹老师的书、扇子和记录本等，家长们从看台上陆续下来，请曹老师签名。这时我去稍远一点的地方，搬了一把椅子给曹老师，让他坐在桌边签名，这被大家美誉为"贴心的阴谋"——曹老师坐着舒服些，给家长们签的名就多一些。这可以说是我们这次的意外之喜。

下午我们请家长代表、选手代表，来接受 CCTV 的采访，谈谈来参加比赛的感想。比赛后立刻是颁奖环节，所有的孩子都有纪念品，比赛成绩好的，奖品还要更多，孩子们自然是欢天喜地的。

晚上，是我们铸久会的讲评，主要是讲如何从比赛中获取最大的收获。孩子们能够参加这样大型的活动，而且是国际性的，收获是不小吧。如果能够加入复盘，进行总结，收获就更大。人的成长就是要学会自己不停地总结、提高，这样成长才更好更快！

孩子们提出了各式各样的问题，最多的疑问是说韩国的规则是不是让我们吃亏了。这些我都跟孩子们解释清楚。期待孩子们能够通过参加这样的活动获得收获，并对今后的学习有更多的启发。

第一天就能有这么丰富多彩的经历，孩子们收获多多，这就是最让我开心的事儿了。

2016 年 8 月 4 日—2016 年 8 月 5 日

4 日早晨，我们同段位的孩子们出发去康津。前两天段位的孩子们都是乃健带着，在段位比赛的间隙乃健给孩子们复盘讲解，孩子们都有非常好的收获，这对调节孩子们的比赛状态也起到了很好的作用。去这次段位的比赛现场，要走 40 分钟车程。孩子们上车后，比较开心，主要是在那儿打闹玩儿。我找到麦克风，跟大家讲，这 40 分钟，是你们去赛场之前难得的一段安静的时间，既然我们是去比赛，那么最好的莫过于利用这 40 分钟，你可以想一想，前一天的实战有哪些问题。回想一下哪些是你自己需要注意的，哪些，是需要继续发挥的。如果你在比赛后立刻记录、复盘、总结，做这些就比较容易，就远远比你现在想做，可是记不起棋局来要容易得多。

我们的孩子们这次在赛场上，表现得不错。韩国人的比赛安排得非常好，先是让职业混双赛的选手，来给大家签名。这一下子孩子们就开心了，因为孩子们知道这些从平时打谱书上知道的老师就在他们身边下棋，而且今天能见到，还给他们签名。大家排队签，秩序非常好。我走到了整个体育馆赛场的后面。突然发现了金寅老师也来了，在贵宾室。跟金老师很久没见，聊了起来。说起 17 年前我们来韩国，乃伟得了国手战冠军，那是韩国最悠久的比赛，只有得冠军的人才能被尊称为"国手"，此后的正式场合，常常与金寅国手、曹薰铉国手、李昌镐国手并称。

与金老师聊了一阵就想让金老师给我们铸久会签个 T 恤衫。金老师认真地用毛笔签名，还说因为长期喝酒现在签名手有点抖。铸久会的小朋友家长们照例跟进签了名。

同金老师聊天感慨，时间好快，人生就是见几次面，陪陪学生们，就快到了。能带带孩子们，把围棋文化很好地传下去就可以了。孩子们当然也一定会比我们强的。孩子们要想更快地进步，就要不停地总结积累学习的经验。

晚上，回来继续讲评：如何在一个比赛里面，让自己的收获变得最多？答案就是要不停地总结。比如，明天就要比赛了，那么今天晚上就应该为明天的比赛做准备。如果是败在布局，那我要多思考，看看为什么自己在这个时候出了问题，如何可以改进自己。从一点一滴，能让自己得到提高。而我觉得，在比赛过程中，对于孩子们来说最重要的是，他们不仅仅是来比赛，还收获了那份对自己有益的感悟……

这次铸久会来参加国手山脉杯，受到了主办单位及参赛各支队伍的一致好评。同所有来参赛的队伍相比，包括韩国和日本的，我们的孩子在围棋礼仪方面做得特别好。赛前给对手鞠躬，赛后给对手也鞠躬。而且我们的小选手们，在每盘比赛后都会掏出记录本来做记录，做小结，这大大地提高了学习效率，避免了浪费时间。

碰上职业棋手签名会，我们的孩子们都会上台先给职业棋手鞠躬，签好名之后再次鞠躬。上台领奖也是这样，所以很多主办方的人都来说，你们的孩子在围棋礼仪文化上做得真是好！

2016 年 8 月 6 日—2016 年 8 月 9 日

8 日晚上 7 点钟，徐奉洙老师对金仑映，元老队 VS 女子队。我们赶到棋院去看他们的对决。这次 CCTV 的卞老师来跟拍铸久会孩子们的活动题材，想拍一些韩国棋院的素材，正好赶上韩国直播的比赛。

随后知道有直播比赛赶来的还有鹏宇、分尧、千诺、恩泽小朋友，带着他们，参观了韩国棋院，与其说是带孩子们参观，更像是回忆自己从前的生活。

楼道里的照片就像是韩国围棋英雄连环画一样，讲述着韩国围棋的英雄历史。而四楼的对局室、研究室那些地方，当年同英雄们并肩学习摆棋的情形还犹如昨日。同老伴儿在韩国待了近十三年，我们在二楼的围棋比赛场，亲历了多少场正式比赛……

再回到地下一层，坤来、粲惟小朋友赶来了，金承俊九段带着他的围棋队伍出现了。有加拿大、阿根廷、罗马尼亚、中国的学生。大家都在研究室看棋，就像是国际围棋节。

徐老师再次获胜已经是九连胜。元老队因为徐老师的获胜，一举领先了。我们赶紧跑到楼上来，候着徐老师。长久不见，互相行礼，跟我合影。徐老师和气地给我们的小朋友们签名。请徐老师给铸久会的 T 恤上签了字。跟孩子们和孩子们的家长合影之后，我们才放了徐老师回家。

大人和小朋友一边犹未尽地回想着徐奉洙老师的故事，一边准备回家。

没有走几步就看到著名围棋解说者金志民开的有田咖啡馆。我一直觉得开这样的店，是最令人开心的。原因有三点。一是咖啡馆就在自己喜欢的讲棋地点附近；二是可以喝茶、喝咖啡。三是，这样的咖啡馆，各大腕儿棋手都在那儿歇过脚，因为比赛前为了平静一下心情的时候会去，这样全世界的棋迷都想去他的咖啡馆，生意会有多火。果然，进去看墙上照片时就发现，赵治勋老师、曹薰铉老师双雄会纪念活动的照片，志民作为主持人在中间，更牛的是纪念活动完了之后，赵治勋老师抱曹老师的时候，就在他的店里。还有我们三年前来的时候与他的合影。

把这些照片上的精彩之处讲给孩子们听。听了之后，他们总会对这些英雄有更多的了解。出门的时候，所有的饮料都免单了，真给我们小朋友们面子，还说以后来上海要去铸久会。

出来之后，带着小朋友沿着我们以前回家的路走。在这些平时我们遛弯儿的地方，有些店的人对我们很熟悉。如果一个人走路，常常会有大妈们问："怎么一个人啊？师母呢？"

走着走着，就到了我们第一次建家的时候买东西的杂货店，进去跟小超市的老板娘打个招呼，大家买了第二天的早餐。果然，老板娘看着几位美丽的妈妈们说："师母怎么没有来？问她好啊。"还免了大家结账时的零钱。

楼前楼后有那时爸爸妈妈来时吃饭的店。5 年前，接爸爸妈妈来韩国玩儿，常常在这些店吃。从韩国临走时，老爸说那就再吃一次河豚吧。我们的楼下是老爸和老妈经常散步的地方。那时候虽然老爸带着病，可是从来没有犯。那一个月，每天早饭，是我准备的面包、牛奶、鸡蛋和黄油。父母生日离得近，每年差不多七夕的时候一起过。妈妈下午喜欢搬个椅子坐在阳台看书，那里景色绝佳，在22层的高楼上远处可以看到南山。好像是挺遥远的事了。老爸走了4年了。好日子，怎么都是那么快……

中的精神——围棋的魅力和人生

感谢各位来宾对铸久杯的热忱与支持。我今天讲座的题目是：中的精神——围棋的魅力和人生。

如同好的学习习惯、品味是要从小培养的，培养好玩儿的精神品味，要从青少年做起，青少年时期的品味对人一生都有深刻影响。孩子们，你们想过吗？不仅仅是你们需要好玩儿的东西，你们的家长也是需要好玩儿的东西的，包括家长的家长，我们的祖先。好逸恶劳是人的天性，每个人都喜欢轻松、好玩、舒服，对吗？可是，世界上好玩的东西这么多，我们在人生的各个阶段都会碰到很多，有什么是可以让我们从小玩到大都不腻的呢？

从最有权力的皇帝到充满浪漫情怀的诗人，从天文学家到军事家，无论是地位上的差异，还是职业上的差异，他们都喜欢围棋。为什么？世界上有多达六千多种的智力游戏，为什么是围棋？每年西方的科学家及最好的游戏专家们都要开会进行讨论，研发新游戏。每一项新的智力游戏被发明后，科学家们通常只要 30 分钟到 1 个小时，就可以编程击败最强的游戏高手。围棋，只有围棋，依靠着简单的规则，公平的竞技，丰富的变化与内涵，是计算机唯一不能击败的。

现在，我们来讨论围棋中的精神。什么是中？就是不偏不倚。围棋的中，首先就是超越民族和国界，尊重围棋本身。

我想向大家介绍围棋界耳熟能详的吴清源与他的师父濑越老师的故事。

1928 年秋，14 岁的吴清源老师东渡日本。从 12 岁起，吴老师已经杀遍京城无敌手。不过对于已经有300年职业系统、从德川家康时代就进入了职业围棋的日本来说，对吴清源的认知，还仅仅停留在异国的少年围棋也下得不错这个层面上。只有当时的棋坛青年领袖濑越宪作老师慧眼识才，从传回日本的吴清源对局棋谱中发现，这孩子是位神童。他立刻在围棋杂志上撰文，高度评价这位有如古代秀策之才的孩子，同时积极地为迎接吴清源而游说各方实力人物。

在向当时的政治家犬养说到要支持迎接吴清源时，犬养问道："既然这是位神童，他来以后如果把你们全打败了，得了'名人'（棋界最贵荣誉），你们怎么办？"濑越老师没有丝毫犹豫，应声答道："这正是我要请他来的目的。"

事实正如濑越老师期望的那样，吴清源不负众望，以王者的姿态，将围棋推向了一个全新的领域。濑越老师不计较吴清源是外国人，真心想看到人类智慧的延续与发展，这就是超越民族和国界的棋道，就是中的精神。

同样的故事相隔80多年之后，发生在了韩国。曹薰铉老师说服韩国棋界接纳我们。

围棋中的精神，还有一层意思，就是尊重自己、尊重对手，从而达到棋艺的最高境界和人生的最高境界。当年夺得89年应氏杯的曹薰铉老师，开始全力培养内弟子李昌镐，随着李昌镐在韩国国内的崛起，从师父曹薰铉老师手中一城一地地夺取着冠军，曹夫人都有点接受不了徒弟依然住在师父家中学艺的现实。而曹老师则对前来采访记者们从容地说："尽管失去国内的冠军，心里也很痛，但是从徒弟身上也学到了很多的技艺，开阔了视野，通过与徒弟在棋盘上的争斗，提高了自己的格局，我觉得自己的棋艺在进步。"那一段时间，曹老师一方面在韩国进入了无冠的痛苦阶段，另一方面，在国际大赛上，收获了更多的冠军。那一段，曹李师徒共筑了韩国围棋在世界上的辉煌。

这种尊重自己、也尊重对手的精神，就是围棋中的精神，正是因为这种精神，曹薰铉老师体现了人生的大格局，

尊重自己也尊重对手，不仅是棋道，也是实实在在的棋理。我们教孩子学围棋，首先就要有礼仪的过程，实际上是让孩子们学习体会尊重自己和尊重对手。尊重自己，就是要尊重自己的心力所得。两位水平相当的对手相争，胜负的差距是不大的，围棋顶尖高手在合理的棋理相争中，通常考虑的是51%的效率，而不是追求更多，因为过度地追求往往会不合理，遭到对手的反击。而尊重对手，

就是一个逻辑思维与理性思考的过程，因为围棋的正确答案必须建立在为对方思考的基础之上，不能单单是思考自己的计划，还要同时为对方做出合理的最好的防守方案，建立在双方正确的解答方案上的才是正解。正是这种尊重自己也尊重对手的棋道棋理，使围棋的棋盘争斗体现出和谐之美。

围棋的中，还体现在大局观与战术的完美结合。围棋培养人生的大局观。我们的孩子们无论他们现阶段水平如何都要从布局学起，因为从围棋第一手开始就需要有良好的大局观，当你开始实行取地的布局时，就不要自相矛盾地去下外势；而当你准备大模样的布局时，就不要财迷于一时的实地诱惑。

就是在这种训练中，孩子们会逐渐体会到，每一手棋都是战略与战术的结合，并在学习和生活中变得更从容，学会目标要与脚踏实地的努力相结合。如果你的目标是成为段位选手，升级赛的胜负就是总结教训与经验不足的机会。如果你的目标是 5 段，那么一时的段位赛失利就不会变成致命的打击。看淡并不是无所谓，而是更好地总结经验与教训。在我们的教学中，许多输棋的孩子都会想哭，甚至有些更小的孩子会尿裤子。我会告诉孩子们，这些都很正常，就是老师输了棋也会想哭的。不过，要想赢就要努力，输了最好的办法是汲取教训与总结经验。输棋不可怕，输了没有收获才是可怕的事。人生也是如此，总结暂时的失利，才会走得踏实，没有恐惧地往前走。只有努力下好每一手棋，才会对得起自己的心力，才会输了都坦然。

经过这样领悟的孩子，自然不会轻言放弃。孩子们，这正是我想要传递给你们的围棋智慧与能量。

讲两个心存大志与脚踏实地的小故事。赵治勋老师作为日本棋界的王者，1988 年首届应氏杯输棋后，在宴会上痛哭失声。回房间后与吴清源老师电话上探讨复盘，之后多次探讨自己失利的原因。另一个故事是，小林光一为了追上赵治勋，每天早起 1 小时，上学前先打 5 盘棋谱。为了追上赵治勋，小林光一花了十几年的时间。两人共筑了日本棋界的辉煌。

作为中国的国粹，围棋完美地体现了中国传统文化。中的精神，正是中国人以柔韧克刚强、与万物共生的精神。